A. Sommaire

Table des matières

B. Disclaimer

Les informations contenues dans ce livre sont basées sur l'expérience personnelle de l'auteur, Mat CAL, et sont fournies à des fins éducatives et informatives uniquement. L'auteur n'est pas un professionnel certifié dans les domaines de l'immobilier. Par conséquent, les informations présentées dans ce livre ne doivent en aucun cas être considérées comme un substitut à l'avis, aux recommandations, ou aux services de professionnels qualifiés dans ce domaine.

Toute décision ou action entreprise par les lecteurs en se basant sur les informations fournies dans ce livre relève de leur propre responsabilité. Il est fortement recommandé de consulter des professionnels compétents, tels que des agents immobiliers, des avocats, des conseillers financiers, ou d'autres experts, avant de prendre des décisions importantes concernant l'achat immobilier.

L'auteur et l'éditeur déclinent toute responsabilité pour toute perte, dommage, préjudice, ou inconvénient qui pourrait découler de l'utilisation des informations présentées dans ce livre. Les lecteurs sont encouragés à rechercher des conseils professionnels appropriés pour leurs besoins spécifiques et à exercer leur propre jugement critique lors de la prise de décisions.

Ce livre est destiné à fournir des informations générales et à inspirer la réflexion personnelle, mais il ne prétend pas remplacer les conseils spécialisés et personnalisés des experts dans chaque domaine traité.

C. Introduction

1. Pourquoi ce guide est-il essentiel pour les acheteurs immobiliers ?

Bienvenue dans ce guide dédié à l'art de l'achat immobilier en toute confiance. Je m'appelle Mat CAL, et je suis ravi de partager avec vous mon expérience et mes connaissances acquises au fil des années en tant qu'investisseur immobilier. À l'âge de 40 ans, je possède aujourd'hui plus de 10 biens immobiliers, un succès que je n'aurais jamais imaginé lorsque j'ai commencé mon parcours. À l'époque, j'étais loin d'être riche, et je n'avais aucune formation particulière dans le domaine de l'immobilier. Cependant, j'ai appris de mes erreurs et j'ai trouvé des solutions pour réussir mes achats, et c'est précisément ce que je souhaite partager avec vous dans ce livre.

L'achat d'une propriété est l'une des décisions financières les plus importantes que vous prendrez dans votre vie. C'est une étape excitante, mais elle peut également être source de stress et d'incertitude, surtout si vous ne disposez pas des connaissances nécessaires. Il est facile de se sentir submergé par les détails, les contrats, les inspections et les négociations.

Cependant, je tiens à vous rassurer : avec la bonne préparation, des connaissances solides et des conseils avisés, vous pouvez éviter les pièges courants et naviguer avec succès dans le monde de l'achat immobilier. Ce guide a pour objectif de vous donner les outils dont vous avez besoin pour prendre des décisions éclairées, minimiser les risques et réaliser des transactions immobilières en toute sérénité.

Au fil des chapitres, nous explorerons ensemble toutes les étapes du processus d'achat immobilier, de la définition de vos besoins à la clôture de la transaction, en passant par la recherche de biens, la négociation, l'inspection et bien plus encore. Nous discuterons également des erreurs courantes à éviter, des astuces de négociation efficaces et des meilleures pratiques pour garantir une expérience d'achat réussie.

Je tiens à vous rappeler que vous n'êtes pas seul dans cette aventure. Les connaissances que vous acquerrez ici vous permettront de prendre des décisions éclairées et de vous sentir en confiance tout au long du processus. Vous êtes sur le point de devenir un acheteur immobilier averti, et je suis là pour vous guider à chaque étape du chemin.

Préparez-vous à plonger dans le monde de l'immobilier et à découvrir les clés du succès pour réaliser vos rêves immobiliers. Commençons par examiner l'état actuel du marché immobilier et comprendre pourquoi il est crucial de s'y préparer de manière approfondie.

2. L'importance de la préparation avant de chercher une propriété.

Avant de vous lancer dans la recherche de votre future propriété, il est essentiel de comprendre que la préparation est la clé du succès. Une préparation minutieuse vous aidera à définir vos priorités, à éviter les pièges courants et à naviguer avec succès dans le processus d'achat immobilier.

Définir vos objectifs et vos priorités

La première étape de la préparation consiste à définir clairement vos objectifs et vos priorités en matière de logement. Qu'est-ce qui est le plus important pour vous dans une propriété ? Quels sont vos besoins essentiels et vos désirs ? Prenez le temps de réfléchir à ces questions et de les noter.

Par exemple, vous pourriez avoir besoin d'un certain nombre de chambres pour accueillir votre famille, ou peut-être que la proximité de votre lieu de travail est essentielle. Peut-être rêvez-vous d'un jardin spacieux ou d'une cuisine moderne. La clé est de définir ce qui compte le plus pour vous, ce qui vous aidera à orienter votre recherche.

Établir un budget réaliste

Une autre étape cruciale de la préparation est de déterminer combien vous pouvez vous permettre de dépenser pour votre future propriété. Avant de tomber amoureux d'un bien, il est essentiel de connaître vos limites financières. Pour ce faire, commencez par examiner vos finances personnelles et calculez votre capacité d'emprunt.

Consultez un conseiller financier ou un prêteur hypothécaire pour obtenir une pré-approbation de prêt, ce qui vous donnera une idée précise du montant que vous pouvez emprunter. Gardez à l'esprit que l'achat d'une propriété implique non seulement le coût initial, mais aussi les frais de clôture (frais de notaire, frais d'enregistrement…), les taxes foncières, l'assurance habitation, l'entretien et les éventuelles rénovations.

Faire des recherches sur le marché immobilier

Une fois que vous avez défini vos objectifs et établi un budget réaliste, il est temps de plonger dans la recherche du marché immobilier. Commencez par examiner les tendances actuelles du marché dans la région où vous envisagez d'acheter. Les prix de l'immobilier peuvent varier considérablement en fonction de la localisation, de l'offre et de la demande.

Utilisez des ressources en ligne, consultez des rapports immobiliers et parlez à des agents immobiliers locaux pour obtenir une vision d'ensemble du marché. Cela vous permettra de mieux comprendre quelles sont les opportunités disponibles.

Consulter un agent immobilier compétent

Enfin, ne sous-estimez pas l'importance de travailler avec un agent immobilier compétent. Un professionnel expérimenté peut vous guider tout au long du processus d'achat, vous aider à trouver des biens correspondant à vos critères, négocier en votre nom et vous fournir des informations précieuses sur le marché local.

Lors de la recherche d'un agent immobilier, assurez-vous de choisir quelqu'un de fiable, ayant une connaissance approfondie du marché local et de l'expérience dans la négociation. Demandez des recommandations à des amis, des collègues ou des membres de votre famille, et n'hésitez pas à interviewer plusieurs agents avant de faire votre choix.

La préparation avant de chercher une propriété est une étape cruciale pour réussir votre achat immobilier. Définissez vos objectifs, établissez un budget réaliste, familiarisez-vous avec le marché immobilier local et choisissez un agent immobilier compétent pour vous accompagner.

D. Partie 1 : comprendre le marché Immobilier

3. Le marché immobilier aujourd'hui : tendances et prévisions.

Comprendre l'état actuel du marché immobilier est essentiel pour prendre des décisions éclairées lors de l'achat d'un bien. Les tendances et les prévisions du marché peuvent avoir un impact sur le prix, la disponibilité des propriétés et les conditions de financement. Dans ce chapitre, nous allons explorer le marché immobilier d'aujourd'hui, les tendances qui le façonnent et les prévisions pour l'avenir.

La demande et l'offre

La demande et l'offre sont les principaux moteurs du marché immobilier. Comprendre ces facteurs peut vous aider à déterminer si c'est le bon moment pour acheter un bien.

Demande : La demande de logements dépend de facteurs tels que la croissance démographique, l'emploi et l'intérêt pour la propriété. Une demande élevée peut entraîner des prix plus élevés.

Offre : L'offre de logements dépend de la construction de nouveaux biens, de la disponibilité des propriétés existantes et des décisions des propriétaires de vendre. Une offre limitée peut créer une concurrence entre les acheteurs.

Tendances du marché actuel

Le marché immobilier est en constante évolution, influencé par divers facteurs économiques et sociaux. En 2023, plusieurs tendances clés façonnent le paysage immobilier actuel :

Demande soutenue : La demande de logements reste élevée dans de nombreuses régions, stimulée par une croissance démographique continue, des taux d'intérêt historiquement bas et des besoins changeants en matière de logement en raison de la pandémie de COVID-19.

Pénurie de l'offre : Une pénurie persistante de logements disponibles sur le marché continue de pousser les prix dans certaines régions. La construction de nouveaux biens ne parvient pas à suivre le rythme de la demande, ce qui crée un marché de vendeurs dans de nombreuses régions.

Hausse des prix de l'immobilier : La combinaison de la demande élevée et de l'offre limitée a entraîné une augmentation significative des prix de l'immobilier dans de nombreuses régions, ce qui peut rendre l'achat d'une bien plus difficile pour les acheteurs, en particulier les primo-accédants.

Taux d'intérêt - préoccupations sur la hausse des taux de l'immobilier : Les taux d'intérêt hypothécaires sont restés à des niveaux historiquement bas au cours des dernières années, ce qui a rendu l'achat d'un bien plus abordable pour de nombreux acheteurs. Cependant, il existe une préoccupation croissante quant à une possible hausse des taux d'intérêt à l'avenir, ce qui pourrait augmenter les coûts d'emprunt. Si les taux d'intérêt hypothécaires augmentent significativement, cela pourrait réduire le pouvoir d'achat des acheteurs et avoir un impact sur la demande.

Télétravail et changement de la demande : La pandémie de COVID-19 a accéléré la tendance au télétravail, ce qui a entraîné une demande croissante de biens avec des espaces de bureau à domicile et un accès à Internet fiable. De plus, de nombreux acheteurs recherchent des propriétés dans des zones moins densément peuplées.

Investissement immobilier : L'immobilier continue d'être un choix attrayant pour les investisseurs. De nombreux investisseurs se tournent vers l'immobilier résidentiel et commercial pour diversifier leurs portefeuilles.

Évolution de l'urbanisation : Certaines régions assistent à une évolution de l'urbanisation, avec un déplacement de la demande des centres-villes vers les banlieues et les zones rurales en quête de plus d'espace et d'une meilleure qualité de vie.

Il est essentiel de noter que le marché immobilier est régional et que les tendances peuvent varier considérablement d'une région à l'autre. Avant de prendre des décisions d'achat ou d'investissement, il est recommandé de consulter des experts locaux en immobilier et des conseillers financiers pour comprendre comment les tendances du marché spécifiques à votre région pourraient vous affecter.

Prévisions du marché

Les prévisions du marché immobilier peuvent varier en fonction des experts, mais voici quelques tendances à surveiller :

Stabilité attendue : On s'attend à une certaine stabilité sur le marché immobilier dans un avenir proche, bien que la demande continue de fluctuer.

Évolution des taux d'intérêt : Les taux d'intérêt hypothécaires pourraient augmenter à l'avenir, ce qui pourrait affecter la capacité d'emprunt des acheteurs.

Urbanisation continue : La tendance à la recherche de biens en dehors des centres urbains devrait se maintenir, notamment en raison du travail à distance.

Fluctuations régionales : Les conditions du marché peuvent varier considérablement d'une région à l'autre, il est donc important de surveiller les tendances locales.

En conclusion, comprendre le marché immobilier d'aujourd'hui et ses tendances est essentiel pour prendre des décisions éclairées lors de l'achat d'un bien. Les taux d'intérêt, la demande et l'offre, ainsi que d'autres facteurs peuvent influencer le marché. Il est judicieux de travailler en étroite collaboration avec un agent immobilier compétent qui peut vous guider en fonction des conditions locales du marché.

4. Budget et financement : combien pouvez-vous vous permettre ?

L'un des aspects les plus importants de l'achat immobilier est de déterminer combien vous pouvez vous permettre de dépenser pour un bien. Établir un budget réaliste et comprendre les options de financement disponibles sont des étapes essentielles pour garantir que vous prenez une décision financière solide. Dans ce chapitre, nous allons explorer en détail comment évaluer votre budget et trouver le financement approprié pour votre achat immobilier.

Évaluer votre situation financière

Avant de commencer à chercher un bien, il est essentiel de faire une évaluation honnête de votre situation financière. Voici quelques étapes à suivre :

Examinez vos revenus : Faites une liste de vos revenus mensuels, y compris votre salaire, les revenus de votre conjoint(e) et tout autre revenu stable.

Calculez vos dépenses mensuelles : Identifiez toutes vos dépenses mensuelles, y compris le loyer actuel, les paiements de prêts, les factures d'électricité, les dépenses alimentaires et les dépenses discrétionnaires.

Déterminez votre capacité d'emprunt : Utilisez des calculateurs de prêt hypothécaire en ligne ou consultez un conseiller financier pour déterminer combien vous pouvez vous permettre de dépenser chaque mois pour un prêt hypothécaire.

Créer un budget d'achat immobilier

Une fois que vous avez une idée de votre capacité d'emprunt, vous pouvez créer un budget d'achat immobilier réaliste. Voici quelques éléments à prendre en compte :

Apport personnel : Déterminez combien vous pouvez mettre de côté pour votre apport personnel. Un apport plus important peut réduire vos coûts mensuels.

Coûts d'entretien : N'oubliez pas d'inclure les coûts d'entretien du bien, tels que les réparations, l'assurance habitation et les taxes foncières, dans votre budget.

Frais de clôture : Les frais de clôture, y compris les frais de notaire et les frais de transfert de titre, doivent également être pris en compte.

Options de financement

Il existe différentes options de financement pour l'achat d'un bien. Les plus courantes incluent :

Prêt Hypothécaire Classique (Crédit Immobilier) : Il s'agit de l'option de financement la plus courante pour l'achat d'un bien en France. Le prêt hypothécaire est généralement octroyé par une banque ou un établissement de crédit. L'emprunteur verse une mise de fonds (apport personnel) et emprunte le reste du montant nécessaire pour acheter la propriété. Les taux d'intérêt et les conditions de remboursement varient en fonction de la banque et du contrat.

Prêt à Taux Zéro (PTZ) : Le PTZ est un prêt sans intérêt accordé aux primo-accédants (personnes achetant leur première résidence principale) sous certaines conditions de revenu et de localisation de la propriété. Il peut être utilisé en complément d'un prêt hypothécaire classique pour réduire le coût global de l'achat. Le montant du PTZ dépend de la zone géographique et du nombre de personnes dans le foyer.

Prêt Épargne Logement (PEL) et Compte Épargne Logement (CEL) : Le PEL et le CEL sont des comptes d'épargne spéciaux destinés à l'achat immobilier en France. L'argent accumulé sur ces comptes peut être utilisé pour obtenir un prêt immobilier à des taux préférentiels. Les conditions et les avantages varient en fonction du type de compte et de la durée de détention.

Prêt Relais : Le prêt relais est un type de prêt temporaire qui permet aux propriétaires de vendre leur propriété actuelle tout en achetant une nouvelle propriété. Il couvre le besoin de financement jusqu'à la vente de la propriété actuelle. Une fois la vente réalisée, le produit de la vente est utilisé pour rembourser le prêt relais.

Prêt à l'Accession Sociale (PAS) : Le PAS est un prêt destiné aux ménages à revenu modeste ou intermédiaire pour l'achat de leur résidence principale. Il offre des taux d'intérêt avantageux et des conditions de remboursement adaptées à la situation financière de l'emprunteur.

Assurance Emprunteur : En France, il est courant de souscrire une assurance emprunteur pour couvrir les risques liés au remboursement du prêt en cas de décès, d'invalidité ou de perte d'emploi. Les emprunteurs ont le choix de souscrire cette assurance auprès de la banque prêteuse ou de la compagnie d'assurance de leur choix.

Prêts Participatifs et Prêts d'État : Il existe également des prêts participatifs et des prêts d'État destinés à encourager l'investissement dans certains secteurs ou régions.

Les options de financement en France peuvent être variées, et chaque emprunteur doit évaluer ses besoins financiers, sa situation personnelle et ses objectifs pour choisir l'option qui lui convient le mieux. Il est également recommandé de consulter un conseiller financier ou un courtier en prêts immobiliers pour obtenir des conseils personnalisés et comparer les offres des différentes institutions financières.

Pré-approbation du crédit immobilier

Une pré-approbation de crédit immobilier est une étape cruciale. Elle implique de soumettre une demande de prêt auprès d'un prêteur, qui évaluera votre crédit et votre capacité à emprunter. Une fois pré-approuvé, vous saurez combien vous pouvez vous permettre de dépenser pour un bien et vous serez en meilleure position pour faire des offres.

En conclusion, comprendre votre budget et trouver le financement approprié sont des étapes essentielles lors de l'achat d'un bien. Prenez le temps d'évaluer votre situation financière, de créer un budget réaliste et de vous pré-approcher pour un crédit immobilier. Cela vous permettra de prendre des décisions éclairées et de trouver le bien qui correspond à vos moyens financiers.

E. Partie 2 : La recherche et la préparation

5. Définir vos besoins et vos désirs en matière de logement.

Avant de commencer à chercher un bien, il est essentiel de définir clairement vos besoins et vos désirs en matière de logement. Cette étape vous permettra de cibler les propriétés qui correspondent le mieux à vos attentes et d'éviter de perdre du temps et de l'énergie dans des recherches inutiles. Dans ce chapitre, nous allons explorer comment définir vos besoins et vos désirs en matière de logement de manière efficace.

Besoins fondamentaux

Les besoins fondamentaux en matière de logement sont les éléments essentiels que votre nouveau bien doit avoir pour répondre à vos besoins de base. Voici quelques exemples :

Nombre de chambres : Combien de chambres à coucher avez-vous besoin pour vous et votre famille ? Avez-vous besoin d'une chambre supplémentaire pour un bureau ou une salle de jeux ?

Taille du bien : Quelle est la taille minimale du bien qui vous convient en termes de superficie habitable et de terrain ?

Emplacement : Où souhaitez-vous vivre ? Proche du travail, de l'école, de la famille, ou dans un quartier spécifique ?

Budget : Quel est votre budget maximal pour l'achat d'un bien ? Cela déterminera en grande partie le type de propriétés que vous pouvez envisager.

Désirs et préférences

En plus de vos besoins fondamentaux, vous avez probablement des désirs et des préférences qui influenceront vos choix. Il est important de hiérarchiser ces éléments pour savoir ce qui est essentiel et ce qui est négociable. Voici quelques exemples :

Caractéristiques de la cuisine : Avez-vous des préférences en matière d'appareils électroménagers, de comptoirs, ou de disposition de la cuisine ?

Espaces extérieurs : Aimez-vous les jardins, les terrasses, les piscines, ou les balcons ? Quelles caractéristiques extérieures sont importantes pour vous ?

Style architectural : Avez-vous une préférence pour un style architectural particulier, comme moderne, traditionnel, ou contemporain ?

Caractéristiques du quartier : Y a-t-il des caractéristiques du quartier qui sont essentielles pour vous, comme la proximité des écoles, des parcs, ou des commerces ?

Hiérarchiser vos priorités

Une fois que vous avez identifié vos besoins et vos désirs, il est important de les hiérarchiser. Tout ne peut pas être une priorité absolue, il peut donc être nécessaire de faire des compromis. Par exemple, si l'emplacement est votre priorité numéro un, vous pourriez être prêt à accepter un bien légèrement plus petit ou à investir dans des rénovations pour obtenir l'emplacement idéal.

Je vous invite à les écrire sur un papier ou dans un tableau et à les garder sur vous. Lors des différentes visites, il peut se passer beaucoup de choses, vous pouvez être pris par des émotions. Ce papier avec vos priorités est un outil simple, qui vous permettra de limiter l'aspect émotionnel de la décision.

Priorité n°1	
Priorité n°2	
Priorité n°3	
Priorité n°4	
…	

Lorsque j'ai acheté mon premier bien immobilier, je souhaitais être à moins de 5 minutes à pied de la gare. Ce critère était en priorité n°1.

Votre agent immobilier est un atout précieux pour vous aider à trouver un bien qui correspond à vos besoins et à vos désirs. Communiquez clairement vos critères à votre agent, y compris vos besoins fondamentaux et vos préférences. Votre agent peut vous aider à trouver des propriétés qui répondent le mieux à ces critères.

En conclusion, définir vos besoins et vos désirs en matière de logement est une étape cruciale lors de l'achat d'un bien. Cela vous permettra de cibler vos recherches et de trouver le bien qui correspond le mieux à votre style de vie et à vos besoins. Travailler en étroite collaboration avec votre agent immobilier vous aidera à trouver la propriété idéale.

6. Le choix entre l'achat d'une nouvelle construction et d'un bien existant.

Lorsque vous envisagez d'acheter une propriété, l'une des premières décisions que vous devrez prendre est de choisir entre l'achat d'une nouvelle construction et l'achat d'un bien existant. Chacune de ces options comporte des avantages et des inconvénients, et il est important de comprendre les différences pour prendre la décision qui correspond le mieux à vos besoins.

Les avantages de l'achat d'une nouvelle construction

1. **Personnalisation** : L'un des avantages les plus attrayants de l'achat d'une nouvelle construction est la possibilité de personnaliser le bien selon vos préférences. Vous pouvez souvent choisir les finitions, les couleurs, les matériaux et même la disposition générale.

2. **Économies à long terme** : Les biens neufs sont généralement plus économes en énergie et nécessitent moins de réparations à court terme, ce qui peut se traduire par des économies significatives sur les factures d'énergie et les coûts d'entretien.

3. **Garanties** : Les constructeurs offrent souvent des garanties sur les nouvelles constructions, ce qui signifie que vous êtes couvert en cas de défauts de construction ou de problèmes majeurs au cours des premières années de propriété.

Les inconvénients de l'achat d'une nouvelle construction

1. **Coût initial** : Les biens neufs ont tendance à coûter plus cher que les biens existants. Vous paierez souvent une prime pour la personnalisation et les caractéristiques modernes.

2. **Emplacement limité** : Les nouvelles constructions sont souvent situées dans des développements plus récents en périphérie des zones urbaines, ce qui peut signifier des trajets plus longs pour le travail et les commodités.

3. **Temps d'attente** : Si vous achetez une nouvelle construction en cours de construction, vous devrez peut-être attendre plusieurs mois, voire plus d'un an, pour emménager.

Les avantages de l'achat d'un bien existant

1. **Emplacement établi** : Les biens existants sont souvent situées dans des quartiers établis, proches des écoles, des commerces et des infrastructures.

2. **Coût initial** : Les biens existants ont tendance à être moins chères que les nouvelles constructions, ce qui peut vous permettre d'acheter dans un quartier souhaité à un prix abordable.

3. **Caractère et histoire** : Les biens plus anciens ont souvent du caractère et de l'histoire, ce qui peut être attrayant pour certains acheteurs.

Les inconvénients de l'achat d'un bien existant

1. **Possibles réparations** : Les biens existants peuvent nécessiter des réparations ou des rénovations, ce qui peut entraîner des coûts supplémentaires.

2. **Moins d'options de personnalisation** : Contrairement aux nouvelles constructions, vous aurez moins de contrôle sur la personnalisation du bien.

3. **Efficacité énergétique** : Les biens plus anciens peuvent être moins économes en énergie, ce qui peut se traduire par des factures d'énergie plus élevées.

La décision entre l'achat d'une nouvelle construction et d'un bien existant dépendra de vos préférences personnelles, de votre budget et de vos besoins. Avant de prendre une décision, il est essentiel de peser les avantages et les inconvénients de chaque option et de travailler en étroite collaboration avec votre agent immobilier pour trouver la propriété qui correspond le mieux à vos objectifs. Pour ma part j'ai toujours préféré les achats de biens existants notamment pour les risque de défauts de construction ou de problèmes majeurs au cours des premières années de propriété.

7. La recherche de quartiers et de zones géographiques.

L'un des facteurs les plus importants à considérer lors de l'achat d'une propriété est l'emplacement. L'endroit où vous choisissez de vivre aura un impact significatif sur votre qualité de vie, vos trajets quotidiens, votre accès aux commodités et bien plus encore. Dans ce chapitre, nous allons explorer en détail comment effectuer une recherche efficace de quartiers et de zones géographiques pour trouver l'emplacement idéal pour votre nouveau bien.

Définir vos critères de recherche

Avant de commencer à explorer différents quartiers, prenez le temps de définir vos critères de recherche. Quels sont les éléments essentiels pour vous et votre famille ? Voici quelques éléments à prendre en compte :

Proximité du travail : Combien de temps êtes-vous prêt à consacrer à votre trajet quotidien ? Quels transports utilisez-vous, le vélo, le bus, la voiture ?

Écoles : Si vous avez des enfants, la qualité des écoles dans la région est-elle importante pour vous ?

Commodités : Quels types de magasins, restaurants, parcs et autres commodités souhaitez-vous avoir à proximité ?

Sécurité : La sécurité du quartier est-elle une préoccupation majeure ?

Style de vie : Quel style de vie recherchez-vous ? Souhaitez-vous être près de la plage, de la campagne, ou au cœur de la ville ?

Budget : Votre budget jouera un rôle déterminant dans le choix de l'emplacement.

Une excellente façon de commencer votre recherche d'emplacement est de consulter des ressources en ligne. De nombreux sites web fournissent des informations sur les quartiers, notamment les statistiques de criminalité, les écoles, les parcs, les transports en commun et plus encore, voici quelques exemples :

Meilleurs Agents (meilleursagents.com) : Ce site fournit des informations sur les prix de l'immobilier dans différents quartiers et régions en France. Il peut être utile pour évaluer le coût moyen des propriétés dans une zone spécifique.

Ville-Data (ville-data.com) : Ville-Data propose des données démographiques et statistiques sur les villes et les quartiers en France, y compris des informations sur les écoles, la criminalité, les équipements de loisirs, et les transports.

Ministère de l'Éducation Nationale (education.gouv.fr) : Le site du ministère de l'Éducation nationale propose des informations sur les écoles publiques en France, y compris les adresses, les coordonnées et les classements.

Sites des Mairies : Les sites web des mairies locales peuvent également fournir des informations précieuses sur les quartiers, notamment les événements communautaires, les parcs, les équipements publics, et les services locaux.

Google Maps (maps.google.fr) : En utilisant Google Maps, vous pouvez explorer les quartiers en visualisant des images satellite, en vérifiant les distances par rapport aux transports en commun, et en lisant les avis sur les entreprises locales.

Site du Ministère de l'Intérieur (interieur.gouv.fr) : Le Ministère de l'Intérieur français publie régulièrement des statistiques de criminalité nationales et locales. Vous pouvez accéder à ces informations en visitant leur site web et en recherchant la section dédiée à la sécurité publique ou à la prévention de la délinquance. Les données sont souvent ventilées par région, département et commune.

Observatoire National de la Délinquance et des Réponses Pénales (ONDRP) : L'ONDRP est un organisme gouvernemental qui collecte et analyse des données sur la délinquance en France. Vous pouvez accéder à certaines de leurs données sur le site web du Ministère de l'Intérieur ou directement sur le site de l'ONDRP.

Services de Police et de Gendarmerie : Les services de police et de gendarmerie au niveau local publient également des informations sur la criminalité dans leurs juridictions respectives. Vous pouvez contacter les services de police ou de gendarmerie locaux pour obtenir des informations spécifiques à une région ou une ville.

Data.gouv.fr : Le site Data.gouv.fr propose des ensembles de données ouvertes sur une variété de sujets, y compris la criminalité. Vous pouvez y trouver des données brutes et des rapports statistiques sur la délinquance en France.

Sites des Préfectures : Les préfectures de chaque département publient parfois des données sur la criminalité au niveau local. Vous pouvez consulter le site web de la préfecture de votre département pour rechercher des informations spécifiques à votre région.

Visiter les quartiers en personne

Une fois que vous avez effectué des recherches en ligne et identifié quelques quartiers potentiels, il est essentiel de les visiter en personne. Rien ne remplace une visite sur place pour avoir une idée réelle de ce à quoi ressemble un quartier. Promenez-vous dans les rues, parlez aux habitants, observez les environs et essayez d'imaginer votre vie quotidienne dans la région.

Consulter un agent immobilier local

Un agent immobilier local peut être une ressource précieuse lors de la recherche de quartiers. Les agents ont souvent une connaissance approfondie de la région et peuvent vous fournir des informations sur les tendances du marché, les avantages et les inconvénients de chaque quartier, ainsi que des conseils sur les meilleures zones pour répondre à vos besoins.

Voici quelques exemples d'approches que vous pourriez utiliser pour consulter un agent immobilier local lorsque vous recherchez des informations sur les quartiers et les zones géographiques :

- "Bonjour, je m'intéresse à l'achat d'une propriété dans cette région, mais je ne suis pas très familier avec les différents quartiers. Pourriez-vous me donner des conseils sur les zones qui correspondent à mes besoins ?"
- "Je suis en train de planifier mon achat immobilier, et je pense que l'expertise d'un professionnel local comme vous serait précieuse. Pouvez-vous me guider vers les quartiers qui pourraient correspondre à mes critères ?"
- "J'aimerais obtenir votre opinion en tant qu'agent immobilier local. Quels sont, selon vous, les quartiers les plus prisés de cette région en ce moment, et pourquoi ?"
- "Je suis en train de faire des recherches sur les quartiers de cette région, et je voulais savoir si vous aviez des informations sur la sécurité, les écoles, et les commodités locales dans différents quartiers."

- "Je recherche un quartier avec de bonnes écoles pour mes enfants. Pouvez-vous me recommander des zones qui répondent à ce critère, ainsi que d'autres informations pertinentes ?"
- "Je suis intéressé par un quartier avec une vie culturelle animée et un accès facile aux transports en commun. Pouvez-vous me conseiller sur les quartiers qui correspondent à ce style de vie ?"
- "J'aimerais en savoir plus sur la dynamique actuelle du marché immobilier dans cette région. Pouvez-vous me fournir des informations sur les tendances du marché et les prix dans différents quartiers ?"
- "Je suis nouveau dans cette région et je souhaite explorer les quartiers pour me faire une idée. Seriez-vous disponible pour me montrer quelques propriétés dans différents quartiers afin que je puisse mieux comprendre les options disponibles ?"

Lorsque vous abordez un agent immobilier local, il est important d'être clair sur vos besoins, vos préférences et le contexte de votre recherche. Les agents immobiliers sont généralement disposés à partager leur connaissance approfondie de la région et à vous aider à trouver le quartier qui correspond le mieux à vos objectifs.

Considérer l'évolution à long terme

Lorsque vous choisissez un quartier, pensez également à l'évolution à long terme. Comment le quartier pourrait-il évoluer au cours des prochaines années ? Les projets de développement, les plans d'urbanisme et d'autres facteurs peuvent avoir un impact sur la valeur de votre propriété à long terme.

En résumé, la recherche de quartiers et de zones géographiques est une étape cruciale de l'achat immobilier. Prenez le temps de définir vos critères de recherche, de consulter des ressources en ligne, de visiter les quartiers en personne et de travailler en étroite collaboration avec un agent immobilier local pour trouver l'emplacement idéal pour votre nouveau bien.

8. Évaluation des écoles et des commodités locales.

Lorsque vous recherchez un nouveau bien, il est essentiel de prendre en compte non seulement l'emplacement géographique, mais aussi les écoles locales et les commodités à proximité. Ces facteurs auront un impact significatif sur votre qualité de vie quotidienne, surtout si vous avez une famille. Dans ce chapitre, nous allons examiner comment évaluer les écoles et les commodités locales pour prendre une décision éclairée.

L'importance de l'éducation

Si vous avez des enfants ou envisagez d'en avoir à l'avenir, la qualité des écoles dans la région est un facteur critique à considérer. Une bonne éducation est essentielle pour le développement de vos enfants, et cela peut également influencer la valeur de votre propriété à long terme. Voici quelques étapes à suivre pour évaluer les écoles locales :

Consultez les classements : de nombreuses sources en ligne fournissent des classements des écoles par quartier ou par district. Ces classements peuvent vous donner une idée générale de la qualité de l'éducation dans la région.

Visitez les écoles : si possible, planifiez des visites dans les écoles locales pour rencontrer le personnel éducatif, voir les installations et poser des questions sur les programmes scolaires.

Parlez aux résidents locaux : les parents locaux sont souvent une source précieuse d'informations sur les écoles de la région. Ils peuvent vous donner un aperçu de l'expérience de leurs enfants et de leurs opinions sur le système éducatif.

Commodités et services à proximité

Outre les écoles, il est important de considérer les commodités locales qui vous seront essentielles au quotidien. Voici quelques éléments à prendre en compte :

Commerces et restaurants : y a-t-il des magasins, des supermarchés, des restaurants et des cafés à proximité pour répondre à vos besoins quotidiens ?

Parcs et espaces verts : les parcs locaux, les espaces de loisirs et les sentiers sont-ils accessibles pour profiter de la nature et des activités de plein air ?

Transports en commun : si vous dépendez des transports en commun, vérifiez la disponibilité des lignes de bus, de métro ou de train à proximité.

Soins de santé : les hôpitaux, les cliniques et les cabinets médicaux sont-ils facilement accessibles en cas de besoin ?

Divertissements : les cinémas, les centres de loisirs, les centres culturels et les activités de divertissement sont-ils disponibles dans la région ?

Planification à long terme

Lorsque vous évaluez les écoles et les commodités locales, pensez également à la planification à long terme. Les besoins de votre famille et de votre style de vie peuvent évoluer au fil du temps, il est donc important de choisir un quartier qui peut répondre à ces besoins à l'avenir.

En conclusion, l'évaluation des écoles et des commodités locales est une étape essentielle de la recherche d'un nouveau bien. Prenez le temps de rechercher les écoles locales, de visiter les établissements d'enseignement et de considérer les commodités à proximité pour garantir que votre nouvelle propriété réponde à vos besoins actuels et futurs. Dans le prochain chapitre, nous explorerons les étapes du processus d'achat immobilier et comment choisir un agent immobilier compétent pour vous accompagner dans cette aventure.

F. Partie 3 : le processus d'achat

Maintenant que vous avez une meilleure compréhension de ce que vous recherchez en termes d'emplacement, d'écoles et de commodités locales, il est temps d'explorer les étapes du processus d'achat immobilier. Comprendre ces étapes vous aidera à naviguer en toute confiance dans le processus complexe de l'achat d'une propriété.

Étape 1 : pré-approbation de prêt

Avant de commencer à visiter des propriétés, il est essentiel d'obtenir une pré-approbation de prêt hypothécaire. Cela vous permettra de connaître le montant que vous pouvez emprunter et vous aidera à définir votre budget. Travaillez avec un prêteur hypothécaire pour rassembler les documents nécessaires et entamer le processus de demande de prêt.

Étape 2 : recherche de biens immobiliers

Une fois que vous avez une idée claire de votre budget, commencez à rechercher des biens immobiliers qui correspondent à vos critères. Vous pouvez utiliser des sites web d'annonces immobilières, consulter les annonces d'agents immobiliers locaux et participer à des visites ouvertes pour voir les propriétés en personne.

Étape 3 : visites et inspections

Lorsque vous trouvez des propriétés qui vous intéressent, planifiez des visites. C'est l'occasion de voir les biens en détail, de poser des questions au vendeur ou à l'agent immobilier et d'inspecter la propriété. Si nécessaire, envisagez de faire réaliser une inspection professionnelle pour identifier tout problème majeur.

Étape 4 : négociation de l'offre

Une fois que vous avez trouvé une propriété qui correspond à vos critères, il est temps de faire une offre. Travailler avec votre agent immobilier pour déterminer le montant de l'offre et les conditions de la transaction. La négociation peut impliquer plusieurs allers-retours entre l'acheteur et le vendeur avant qu'un accord ne soit conclu.

Étape 5 : préparation de la clôture

Une fois que votre offre est acceptée, vous entrez dans la phase de préparation de la clôture. Cela inclut la réalisation des inspections finales, l'obtention d'une assurance habitation, la vérification des titres de propriété et la préparation de tous les documents nécessaires.

Étape 6 : clôture de la transaction

La clôture de la transaction est le moment où toutes les parties signent les documents finaux et où vous devenez officiellement propriétaire de votre bien. Vous devrez apporter les fonds nécessaires pour la clôture et signer les contrats de prêt. Une fois la transaction clôturée, vous recevrez les clés de votre nouveau bien.

Étape 7 : après la clôture

Après la clôture de la transaction, il reste encore du travail à faire. Vous devrez organiser le déménagement, mettre en service les services publics et commencer à vous installer dans votre nouveau bien. N'oubliez pas de notifier votre changement d'adresse à toutes les parties concernées.

Le rôle essentiel de l'agent immobilier

Tout au long de ce processus, votre agent immobilier jouera un rôle essentiel. Un agent compétent vous guidera à chaque étape, vous aidera à négocier les offres, à résoudre les problèmes potentiels et à vous assurer que tout se déroule en douceur.

Dans le prochain chapitre, nous explorerons en détail les avantages de travailler avec un agent immobilier compétent et comment choisir le bon professionnel pour vous accompagner dans cette aventure passionnante.

9. <u>Choisir un agent immobilier compétent.</u>

Lorsque vous vous lancez dans le processus d'achat immobilier, l'un des choix les plus importants que vous ferez est celui de l'agent immobilier qui vous accompagnera tout au long de cette aventure. Un agent compétent peut faire une énorme différence dans la facilité et le succès de votre transaction. Dans ce chapitre, nous allons explorer les avantages de travailler avec un agent immobilier compétent et comment choisir le bon professionnel pour vous.

Les avantages d'un agent immobilier compétent

1. **Connaissance du marché local** : Un agent immobilier expérimenté a une connaissance approfondie du marché local, y compris les tendances des prix, les quartiers en croissance, et les opportunités d'investissement. Cette connaissance peut vous aider à prendre des décisions éclairées.

2. **Accès aux propriétés** : Les agents ont accès à des listes de propriétés que le grand public n'a pas. Ils peuvent vous aider à trouver des biens qui correspondent à vos critères plus rapidement.

3. **Négociation efficace** : Les agents ont de l'expérience dans la négociation des prix et des conditions de vente. Ils travailleront en votre nom pour obtenir le meilleur accord possible.

4. **Gestion des détails** : Le processus d'achat immobilier implique de nombreuses étapes et de nombreux documents. Un agent expérimenté peut vous aider à naviguer dans ce processus complexe et à vous assurer que tous les détails sont pris en charge.

5. **Réseau de professionnels** : Les agents ont souvent un réseau de professionnels de confiance, y compris des prêteurs hypothécaires, des avocats et des inspecteurs, qu'ils peuvent recommander pour vous aider tout au long du processus.

Comment choisir le bon agent immobilier

1. **Recherchez des recommandations** : Demandez des recommandations à des amis, des collègues ou des membres de votre famille qui ont récemment acheté une propriété. Les recommandations personnelles sont souvent une excellente source pour trouver un agent de confiance.

2. **Consultez les avis en ligne** : Consultez les avis en ligne pour en savoir plus sur l'expérience d'autres clients avec un agent immobilier particulier. Cela peut vous

donner un aperçu de leur professionnalisme et de leur capacité à satisfaire les besoins des acheteurs.

3. **Entretiens avec plusieurs agents** : N'hésitez pas à rencontrer plusieurs agents immobiliers avant de prendre une décision. Posez-leur des questions sur leur expérience, leur connaissance du marché local, leur approche de la négociation et leurs frais.

4. **Vérifiez les références** : Demandez à l'agent immobilier des références de clients précédents. Contactez ces clients pour en savoir plus sur leur expérience de travail avec l'agent.

5. **Assurez-vous d'une bonne communication** : Choisissez un agent immobilier avec lequel vous vous sentez à l'aise et en confiance. Une communication claire et ouverte est essentielle pour une collaboration réussie.

En conclusion, choisir le bon agent immobilier est une étape cruciale pour garantir le succès de votre transaction immobilière. Un agent compétent peut vous guider, vous informer et vous aider à éviter les pièges courants. Prenez le temps de rechercher et de choisir un agent immobilier qui répond à vos besoins et à vos attentes.

10. L'importance de la visite préalable et de l'inspection.

Lorsque vous êtes sur le point d'acheter un bien, il est essentiel de comprendre l'importance cruciale de la visite préalable et de l'inspection. Cette étape du processus d'achat immobilier peut vous aider à éviter des problèmes coûteux à l'avenir et à garantir que la propriété que vous achetez répond à vos attentes. Dans ce chapitre, nous allons explorer en détail pourquoi la visite préalable et l'inspection sont si importantes.

La visite préalable : comprendre la propriété

La visite préalable est votre première opportunité de voir la propriété en personne. Même si vous avez vu des photos en ligne ou dans les annonces, rien ne remplace une visite en personne pour obtenir une véritable impression du bien. Voici pourquoi la visite préalable est cruciale :

Évaluation de l'emplacement : Vous pouvez évaluer l'emplacement du bien, y compris son environnement immédiat, le voisinage et la proximité des commodités locales. Assurez-vous que l'emplacement répond à vos besoins et à votre style de vie.

État général : Vous pouvez inspecter l'état général du bien, y compris l'extérieur et l'intérieur. Cela vous permet de repérer des problèmes potentiels, tels que des fissures dans les murs, des fuites, ou des signes de dégradation.

Disposition : Vous pouvez vous faire une idée de la disposition du bien et de son adéquation avec vos besoins. Est-ce que la taille des pièces, le nombre de chambres, et la disposition générale correspondent à ce que vous recherchez ?

Lumière naturelle : Lors de la visite préalable, vous pouvez évaluer la lumière naturelle dans le bien. Cela peut avoir un impact significatif sur votre qualité de vie quotidienne.

La visite préalable : liste des contrôles que l'on peut faire

Lors de la visite préalable d'une propriété, il est essentiel de procéder à plusieurs contrôles pour mieux comprendre l'état de la maison ou de l'appartement que vous envisagez d'acheter. Voici une liste de contrôles importants à effectuer lors de la visite préalable :

État Général de la Propriété :

- Examinez l'extérieur de la maison pour détecter des signes de détérioration, de fissures ou de problèmes structurels.
- Vérifiez l'état de la toiture, de la façade, des fenêtres et des portes.

Systèmes et Équipements :

- Testez les appareils ménagers, la plomberie, l'électricité et le chauffage pour vous assurer qu'ils fonctionnent correctement.
- Demandez des informations sur l'âge et l'entretien des systèmes tels que la chaudière, le système de climatisation et le système électrique.

Plomberie et Système d'Eau :

- Recherchez des fuites d'eau ou des tuyaux endommagés.
- Vérifiez la pression de l'eau et la température de l'eau chaude.
- Testez les robinets, les toilettes et les douches pour détecter d'éventuels problèmes.

Électricité :

- Vérifiez que toutes les prises électriques et les interrupteurs fonctionnent correctement.
- Examinez le tableau électrique pour vous assurer qu'il est en bon état et qu'il répond aux normes actuelles.

Isolation :

- Évaluez l'efficacité énergétique de la maison en vérifiant l'isolation des murs, du toit et des fenêtres.
- Demandez des informations sur les factures d'énergie récentes pour estimer les coûts de chauffage et de refroidissement.

Humidité et Moisissures :

- Recherchez des signes d'humidité, de moisissures ou de décoloration sur les murs et les plafonds.
- Demandez si la maison a été affectée par des inondations ou des problèmes d'humidité.

Structure et Fondations :

- Examinez les murs, les planchers et les plafonds pour détecter des fissures ou des déformations.
- Demandez si des travaux de réparation ou de rénovation ont été effectués sur la structure.

Assainissement et Égouts :

- Vérifiez le système d'assainissement et d'égouts de la propriété pour vous assurer qu'il est en bon état de fonctionnement.

État des Sols :

- Examinez l'état des planchers pour détecter des problèmes tels que des planches desserrées, des taches ou des déformations.

Infiltrations d'Air et d'Eau :

- Recherchez des signes d'infiltrations d'air ou d'eau autour des fenêtres et des portes.
- Vérifiez l'état des joints d'étanchéité et des calfeutrages.

Espaces de Rangement :

- Vérifiez les espaces de rangement tels que les placards et les greniers pour vous assurer qu'ils répondent à vos besoins.

Aménagement Paysager :

- Examinez le terrain, le jardin et l'aménagement paysager pour évaluer leur état et leur entretien.

Voisinage et Environnement :

- Promenez-vous dans le quartier pour évaluer l'environnement, la proximité des commerces, des écoles, des transports en commun, etc.
- Discutez avec les voisins pour obtenir des informations sur le quartier.

N'oubliez pas de poser des questions au propriétaire actuel ou à l'agent immobilier sur tous les aspects de la propriété. Prenez des notes et des photos pour vous rappeler ce que vous avez observé. Si des problèmes sont détectés lors de la visite préalable, discutez-en avec l'agent immobilier et envisagez de faire effectuer une inspection plus approfondie par un professionnel du bâtiment. Une inspection immobilière professionnelle peut fournir des informations détaillées sur l'état de la propriété et vous aider à prendre une décision éclairée avant d'acheter.

L'Inspection professionnelle : identifier les problèmes

La visite préalable est importante, mais elle ne remplace pas une inspection professionnelle. Engager un inspecteur immobilier qualifié est essentiel pour identifier les problèmes potentiels et s'assurer que le bien est en bon état. Voici pourquoi l'inspection est cruciale :

Identification des problèmes cachés : Un inspecteur peut repérer des problèmes cachés qui ne sont pas visibles à l'œil nu, tels que des problèmes de plomberie, de toiture, de fondation ou de système électrique.

Évaluation de la sécurité : L'inspection peut garantir que le bien est sûr pour vous et votre famille. Cela inclut la vérification de l'absence de moisissures, de radon, d'amiante et d'autres dangers potentiels.

Négociation éclairée : Les résultats de l'inspection peuvent être utilisés pour négocier avec le vendeur. Si des problèmes sont identifiés, vous pouvez demander des réparations ou une réduction du prix d'achat.

Préparation pour l'avenir : L'inspection vous donne une idée de l'état général du bien et des réparations potentielles à prévoir à l'avenir. Cela peut vous aider à planifier votre budget et à anticiper les coûts d'entretien.

En conclusion, la visite préalable et l'inspection sont des étapes essentielles lors de l'achat d'un bien. La visite préalable vous permet d'évaluer la propriété en personne, tandis que l'inspection professionnelle identifie les problèmes potentiels. Ensemble, ces étapes vous aident à prendre une décision éclairée et à garantir que le bien que vous achetez répond à vos besoins tout en étant en bon état. Dans le prochain chapitre, nous explorerons en détail le processus de négociation et comment obtenir le meilleur accord possible lors de l'achat immobilier.

11. Négocier le prix : conseils et stratégies.

La négociation du prix est l'une des étapes les plus critiques lors de l'achat d'un bien. Elle peut avoir un impact significatif sur le coût final de la transaction et sur votre satisfaction en tant qu'acheteur. Dans ce chapitre, nous allons explorer en détail les conseils et les stratégies pour négocier le prix de manière efficace et obtenir le meilleur accord possible.

Conseil n°1 : faites des recherches approfondies

Avant de commencer la négociation, faites des recherches approfondies sur la propriété et le marché immobilier local. Connaître la valeur marchande du bien que vous souhaitez acheter et comprendre les tendances de prix dans la région vous aidera à déterminer un point de départ réaliste pour vos négociations.

Conseil n°2 : soyez prêt à agir rapidement

Dans un marché immobilier concurrentiel, les bonnes affaires peuvent disparaître rapidement. Soyez prêt à agir rapidement si vous trouvez une propriété qui correspond à vos critères et qui est bien alignée avec votre budget. Lorsque vous soumettez une offre, assurez-vous que tous les documents et les pré-approbations de prêt sont en ordre pour montrer au vendeur que vous êtes un acheteur sérieux.

Conseil n°3 : gardez vos émotions sous contrôle

L'achat d'un bien est souvent une expérience émotionnelle. Cependant, lors de la négociation, il est essentiel de garder vos émotions sous contrôle. Évitez de laisser transparaître votre enthousiasme ou votre désir désespéré d'acheter la propriété. Restez calme, rationnel et concentré sur les termes de l'accord.

Conseil n°4 : établissez une stratégie de négociation solide

Avant de soumettre une offre, établissez une stratégie de négociation solide. Déterminez le montant maximal que vous êtes prêt à offrir en fonction de votre budget et des comparaisons de prix dans la région. Réfléchissez également à d'autres éléments négociables, tels que la date de clôture, les réparations à effectuer ou les améliorations à inclure dans l'accord.

Conseil n°5 : négociez intelligemment

Lorsque vous entrez dans le processus de négociation, soyez prêt à faire des contre-offres, mais faites-le de manière réfléchie. Évitez les tactiques agressives ou offensantes qui pourraient mettre le vendeur sur la défensive. Soyez ouvert à la communication et essayez de trouver un terrain d'entente mutuellement bénéfique.

Conseil n°6 : utilisez l'inspection à votre avantage

Si l'inspection révèle des problèmes ou des réparations nécessaires, utilisez ces informations à votre avantage dans la négociation. Vous pouvez demander au vendeur de faire les réparations nécessaires avant la clôture ou de réduire le prix de vente en conséquence.

En conclusion, la négociation du prix est une étape essentielle lors de l'achat d'un bien. En faisant des recherches approfondies, en gardant vos émotions sous contrôle, en établissant une stratégie solide et en négociant intelligemment, vous augmentez vos chances d'obtenir le meilleur accord possible. N'oubliez pas que votre agent immobilier peut jouer un rôle essentiel dans ce processus en vous guidant et en vous représentant efficacement auprès du vendeur. Dans le prochain chapitre, nous explorerons les étapes finales du processus d'achat, y compris la clôture de la transaction et la remise des clés.

12. Comprendre les contrats et les documents juridiques.

Une fois que vous avez négocié avec succès le prix et les conditions d'achat de votre nouveau bien, il est temps de se plonger dans les contrats et les documents juridiques qui formalisent la transaction. Comprendre ces documents est essentiel pour garantir que tout se déroule sans accroc et en toute légalité. Dans ce chapitre, nous allons explorer les principaux contrats et documents juridiques que vous rencontrerez lors de l'achat d'un bien.

Le contrat de vente immobilière

Le contrat de vente immobilière est le document principal qui formalise l'accord entre l'acheteur et le vendeur. Il contient des détails essentiels tels que le prix d'achat, la date de clôture, les conditions de financement, les contingences, et les modalités de transfert de propriété. Voici ce que vous devez savoir sur ce contrat :

Prix d'achat : Le contrat spécifie le montant que l'acheteur s'engage à payer pour la propriété. Cela comprend généralement le dépôt initial et le montant à financer par un prêt hypothécaire.

Contingences : Les contingences sont des clauses qui permettent à l'acheteur de se retirer de la transaction sous certaines conditions. Les contingences courantes incluent l'inspection de la propriété, l'obtention d'un prêt hypothécaire, et la vente d'un bien existant.

Date de clôture : Le contrat précise la date à laquelle la transaction sera finalisée, et la propriété sera transférée à l'acheteur.

Modalités de paiement : Le contrat peut spécifier les modalités de paiement, y compris la manière dont les fonds seront transférés et les détails sur l'acompte.

Le rapport d'inspection

Le rapport d'inspection est un document généré par un inspecteur immobilier professionnel qui détaille les conclusions de l'inspection de la propriété. Il identifie les problèmes, les défauts et les réparations nécessaires. Le rapport d'inspection est un outil précieux pour négocier avec le vendeur en cas de problèmes découverts.

Les documents de financement

Si vous financez l'achat de votre bien à l'aide d'un prêt hypothécaire, vous devrez signer une série de documents de financement. Cela inclut le contrat de prêt, qui détaille les termes du prêt, y compris le taux d'intérêt, la durée et les paiements mensuels.

Le titre de propriété

Le titre de propriété est le document juridique qui prouve la propriété du bien. Avant la clôture, une recherche de titre est effectuée pour s'assurer qu'il n'y a pas de problèmes de propriété ou de liens juridiques sur le bien. Une fois que le titre est clair, il est transféré à l'acheteur lors de la clôture.

L'acte de garantie

L'acte de garantie est un document qui transfère officiellement la propriété du bien de l'ancien propriétaire à l'acheteur. Il garantit que l'acheteur a un titre clair sur la propriété et qu'il peut la revendiquer légalement.

En conclusion, comprendre les contrats et les documents juridiques est essentiel pour une transaction immobilière réussie. Travailler en étroite collaboration avec un avocat ou un notaire immobilier expérimenté peut vous aider à naviguer dans ces documents et à garantir que tout se déroule en toute légalité. Dans le prochain chapitre, nous explorerons les étapes finales du processus d'achat, y compris la clôture de la transaction et la remise des clés.

G. Partie 4 : Les pièges courants à éviter

L'achat d'une propriété est une décision financière majeure, et il y a des pièges courants que de nombreux acheteurs potentiels rencontrent. Dans ce chapitre, nous allons examiner ces pièges et vous montrer comment les anticiper et les éviter pour une expérience d'achat immobilier réussie.

Piège n°1 : ne pas définir clairement vos besoins

L'un des premiers pièges auxquels les acheteurs sont confrontés est de ne pas avoir une idée claire de leurs besoins en matière de logement. Il est essentiel de prendre le temps de réfléchir à ce qui est vraiment important pour vous et votre famille. Une fois que vous avez défini vos besoins et vos désirs, vous pouvez vous concentrer sur la recherche de propriétés qui correspondent à ces critères.

Piège n°2 : ignorer l'importance de l'inspection

L'inspection d'une propriété est une étape cruciale de l'achat immobilier. Ignorer cette étape ou la négliger peut entraîner des problèmes coûteux à long terme. Assurez-vous de faire réaliser une inspection professionnelle de la propriété pour identifier tout problème potentiel, qu'il s'agisse de défauts structurels, de problèmes de plomberie ou de moisissures.

Piège n°3 : sous-estimer les coûts supplémentaires

Lorsque vous achetez un bien, il y a des coûts supplémentaires à considérer en plus du prix d'achat. Les frais de clôture, les taxes foncières, l'assurance habitation et les coûts d'entretien peuvent rapidement s'accumuler. Il est essentiel d'avoir une vision claire de ces coûts et de les intégrer dans votre budget.

Piège n°4 : ne pas se préparer financièrement

Ne pas se préparer financièrement avant d'acheter une propriété est un piège courant. Vous devez avoir une pré-approbation de prêt en place avant de commencer à chercher des propriétés. Cela vous permettra de savoir combien vous pouvez vous permettre de dépenser et de renforcer votre position en tant qu'acheteur.

Piège n°5 : ignorer la localisation

L'emplacement est l'un des facteurs les plus importants dans l'achat immobilier. Ignorer l'importance de la localisation peut entraîner des problèmes à long terme. Assurez-vous de faire des recherches approfondies sur le quartier, les écoles locales et les commodités avant de prendre une décision.

Piège n°6 : négliger les négociations

La négociation est une partie essentielle du processus d'achat immobilier. Ne pas être prêt à négocier ou à accepter la première offre peut vous coûter cher. Travaillez en étroite collaboration avec votre agent immobilier pour élaborer une stratégie de négociation efficace.

En résumé, il existe plusieurs pièges courants à éviter lors de l'achat immobilier. En définissant clairement vos besoins, en effectuant une inspection approfondie, en préparant vos finances et en négociant de manière efficace, vous pouvez éviter ces pièges et réaliser une transaction immobilière en toute sérénité. Dans le prochain chapitre, nous explorerons les pièges liés aux hypothèques et aux prêts immobiliers, et comment les éviter.

13. Les problèmes cachés : moisissures, termites et autres problèmes structurels.

Lors de l'achat d'un bien, il est essentiel de prendre en compte les problèmes cachés qui pourraient affecter la structure et la sécurité de la propriété. Les moisissures, les termites et d'autres problèmes structurels peuvent entraîner des coûts élevés de réparation et de maintenance, et ils peuvent même compromettre la sécurité de votre famille. Dans ce chapitre, nous allons examiner en détail ces problèmes cachés, comment les détecter et comment les résoudre.

Moisissures : un problème de santé et de structure

Les moisissures peuvent être un problème sérieux dans un bien. Non seulement elles peuvent causer des problèmes de santé, tels que des allergies et des problèmes respiratoires, mais elles peuvent également endommager la structure du bien. Voici comment identifier et gérer les moisissures :

Inspection approfondie : Lors de l'inspection du bien, recherchez des signes de moisissures, tels que des taches d'humidité, des odeurs de moisi ou des fissures dans les murs où l'humidité pourrait s'infiltrer.

Inspection professionnelle : Si vous suspectez la présence de moisissures, faites réaliser une inspection professionnelle. Un expert peut identifier la source de l'humidité, évaluer l'étendue des dégâts et recommander des mesures correctives.

Traitement des moisissures : Si des moisissures sont détectées, il est essentiel de les traiter rapidement. Cela peut impliquer la suppression des moisissures existantes, la réparation des fuites d'eau et l'amélioration de la ventilation pour prévenir la réapparition des moisissures.

Termites : des destructeurs silencieux

Les termites sont des insectes destructeurs qui se nourrissent de bois et qui peuvent causer des dommages structurels graves dans un bien. Voici comment repérer et traiter une infestation de termites :

Inspection professionnelle : Il est difficile pour un acheteur non formé de repérer les termites. Faites réaliser une inspection professionnelle des termites avant d'acheter un bien.

Traitement des termites : Si des termites sont détectés, un traitement professionnel sera nécessaire pour les éliminer. Cela peut inclure l'utilisation d'appâts, de barrières chimiques ou d'autres méthodes.

Problèmes structurels généraux

Outre les moisissures et les termites, il existe d'autres problèmes structurels potentiels qui peuvent affecter un bien. Cela peut inclure des problèmes de fondation, des fissures dans les murs, des problèmes de toiture, des problèmes de plomberie ou de système électrique. Voici comment gérer ces problèmes :

Inspection professionnelle : Une inspection professionnelle complète du bien est essentielle pour détecter ces problèmes. Un inspecteur immobilier qualifié peut identifier les problèmes structurels potentiels.

Évaluation des coûts de réparation : Si des problèmes sont identifiés, obtenez des devis de professionnels qualifiés pour évaluer les coûts de réparation. Cela vous aidera à déterminer si le bien est toujours un bon investissement malgré les problèmes.

En conclusion, la détection et la gestion des problèmes cachés tels que les moisissures, les termites et les problèmes structurels sont essentielles pour garantir la sécurité et la valeur de votre nouveau bien. Travailler avec des professionnels qualifiés pour les inspections et les réparations est crucial pour résoudre ces problèmes de manière efficace. Dans le prochain chapitre, nous explorerons les étapes finales du processus d'achat, y compris la clôture de la transaction et la remise des clés.

14. Les erreurs fréquentes dans l'évaluation de la valeur d'une propriété.

Lors de l'achat d'un bien, l'évaluation de la valeur de la propriété est une étape cruciale. Faire une erreur dans cette évaluation peut avoir des conséquences financières importantes. Dans ce chapitre, nous allons examiner les erreurs fréquentes à éviter lors de l'évaluation de la valeur d'une propriété.

Erreur n°1 : se fier uniquement à l'apparence

L'apparence d'un bien peut être trompeuse. Une propriété bien entretenue et joliment décorée peut sembler valoir plus qu'elle ne l'est réellement. Il est essentiel de creuser plus profondément et de considérer des facteurs tels que l'âge du bien, l'état de ses composants (toit, plomberie, électricité), et son emplacement.

Erreur n°2 : ignorer les comparaisons de prix

Une méthode courante pour évaluer la valeur d'un bien est de comparer les prix de propriétés similaires dans la région. Ignorer cette étape peut entraîner une évaluation incorrecte. Il est important de rechercher des biens similaires vendus récemment pour avoir une idée précise de la valeur actuelle du marché.

Erreur n°3 : surestimer les améliorations

L'ajout d'améliorations ou de rénovations à un bien peut améliorer sa valeur, mais il est essentiel de ne pas surestimer l'impact financier de ces améliorations.

Certaines rénovations peuvent ne pas augmenter la valeur autant que vous le pensez, tandis que d'autres peuvent avoir un retour sur investissement plus élevé.

Erreur n°4 : ignorer les problèmes potentiels

Ignorer les problèmes potentiels tels que des réparations majeures nécessaires ou des problèmes structurels peut entraîner une évaluation incorrecte de la valeur d'un bien. Il est important de prendre en compte ces éléments et de les faire inspecter par un professionnel.

Erreur n°5 : ne pas considérer le marché actuel

La valeur d'une propriété est étroitement liée aux conditions du marché actuel. Les prix de l'immobilier peuvent fluctuer en fonction de la demande, de l'offre, des taux d'intérêt et d'autres facteurs économiques. Ne pas tenir compte de ces conditions peut entraîner une évaluation incorrecte de la valeur.

Erreur n°6 : ne pas travailler avec un agent immobilier

Un agent immobilier expérimenté peut jouer un rôle essentiel dans l'évaluation de la valeur d'une propriété. Leur connaissance du marché local et leur expérience dans la négociation peuvent vous aider à obtenir une évaluation précise.

Erreur n°7 : se baser sur l'émotion plutôt que sur les faits

L'achat d'un bien est souvent une décision émotionnelle. Cependant, il est essentiel de se baser sur des faits concrets lors de l'évaluation de la valeur d'une propriété. Laisser les émotions prendre le dessus peut entraîner des erreurs coûteuses.

En conclusion, éviter les erreurs courantes dans l'évaluation de la valeur d'une propriété est essentiel pour prendre une décision d'achat éclairée. Travailler avec un agent immobilier, faire des comparaisons de prix, examiner attentivement l'état du bien et tenir compte des conditions du marché sont des étapes essentielles pour évaluer correctement la valeur d'une propriété. Dans le prochain chapitre, nous explorerons les étapes finales du processus d'achat, y compris la clôture de la transaction et la remise des clés.

15. Les pièges liés aux hypothèques et aux prêts immobiliers.

Les hypothèques et les prêts immobiliers sont des éléments essentiels du processus d'achat d'un bien, mais ils peuvent également comporter des pièges financiers si vous n'êtes pas bien informé. Dans ce chapitre, nous allons explorer les pièges courants liés aux hypothèques et aux prêts immobiliers et comment les éviter.

Piège n°1 : ne pas comparer les prêteurs

L'un des plus grands pièges lors de l'obtention d'une hypothèque est de ne pas comparer les offres de différents prêteurs. Les taux d'intérêt, les frais de clôture et les termes de remboursement peuvent varier considérablement d'un prêteur à l'autre. Ne vous contentez pas de la première offre que vous recevez. Faites des comparaisons pour trouver la meilleure affaire.

Piège n°2 : ignorer votre cote de crédit

Votre cote de crédit joue un rôle crucial dans la détermination du taux d'intérêt que vous obtiendrez sur votre prêt hypothécaire. Ignorer votre cote de crédit ou ne pas travailler pour l'améliorer avant d'obtenir une hypothèque peut vous coûter cher. Obtenez une copie de votre rapport de crédit, examinez-le attentivement et prenez des mesures pour améliorer votre cote de crédit si nécessaire.

Piège n°3 : choisir un prêt hypothécaire inadapté

Il existe différents types de prêts hypothécaires, tels que les prêts à taux fixe, les prêts à taux variable, les prêts FHA, et bien d'autres. Choisir le mauvais type de prêt peut avoir des conséquences financières importantes. Il est essentiel de comprendre les avantages et les inconvénients de chaque type de prêt et de choisir celui qui convient le mieux à votre situation.

Piège n°4 : ignorer les frais de clôture

Les frais de clôture sont souvent négligés, mais ils peuvent ajouter des milliers de dollars aux coûts totaux de votre prêt immobilier. Il est important de comprendre quels frais sont inclus dans les frais de clôture et de négocier autant que possible pour les réduire.

Piège n°5 : ne pas prévoir une marge de manœuvre financière

Lors de l'achat d'un bien, il est important de ne pas étirer vos finances au maximum. Ne pas prévoir une marge de manœuvre financière peut vous laisser vulnérable en cas de dépenses imprévues ou de changements dans votre situation financière. Assurez-vous que vos paiements mensuels de prêt hypothécaire sont gérables, même en cas de problème.

Piège n°6 : ne pas comprendre les termes du prêt

Il est essentiel de comprendre les termes de votre prêt hypothécaire, y compris le taux d'intérêt, la durée du prêt, les paiements mensuels, et les éventuelles pénalités de remboursement anticipé. Ne signez pas de contrat sans avoir une compréhension claire de ces termes.

Piège n°7 : ne pas anticiper les frais d'entretien

L'achat d'un bien comporte des coûts d'entretien qui vont au-delà du paiement mensuel du prêt hypothécaire. Ne pas anticiper ces frais peut mettre en péril votre situation financière. Assurez-vous de prévoir un budget pour les réparations et l'entretien de votre bien.

En conclusion, éviter les pièges liés aux hypothèques et aux prêts immobiliers est essentiel pour une expérience d'achat de bien réussie. Prenez le temps de comparer les prêteurs, comprenez les termes de votre prêt, et assurez-vous que votre prêt hypothécaire est adapté à votre situation financière. Travailler avec un conseiller financier ou un agent immobilier expérimenté peut également vous aider à éviter ces pièges financiers. Dans le prochain chapitre, nous explorerons les étapes finales du processus d'achat, y compris la clôture de la transaction et la remise des clés.

16. Les problèmes juridiques potentiels lors de l'achat.

Lorsque vous achetez un bien, il est crucial de vous familiariser avec les aspects juridiques de la transaction. Des problèmes juridiques non résolus peuvent entraîner des litiges coûteux et compliquer votre acquisition. Dans ce chapitre, nous allons explorer les problèmes juridiques potentiels qui peuvent survenir lors de l'achat d'un bien et comment les éviter.

1. Titre de propriété

L'un des problèmes juridiques les plus courants lors de l'achat d'un bien concerne le titre de propriété. Le titre est le document juridique qui prouve la propriété d'un bien immobilier. Il est essentiel de s'assurer que le vendeur a un titre de propriété clair et exempt de tout litige ou réclamation.

Comment Éviter Ce Problème : Travailler avec un avocat spécialisé en droit immobilier peut vous aider à effectuer une recherche de titre approfondie pour vous assurer qu'il n'y a aucun problème lié au titre de propriété.

2. Contrats et accords

La transaction immobilière repose sur des contrats et des accords légaux. Les problèmes juridiques peuvent surgir si ces contrats ne sont pas correctement rédigés, ou si l'une des parties ne respecte pas ses engagements.

Comment Éviter Ce Problème : Engagez un avocat ou un notaire spécialisé en droit immobilier pour examiner tous les contrats et accords avant de les signer. Assurez-vous de comprendre toutes les clauses et obligations.

3. État juridique de la propriété

Il est important de s'assurer que la propriété est en conformité avec toutes les lois locales et régionales. Des violations du code de zonage, des permis de construction non autorisés ou d'autres infractions peuvent entraîner des problèmes juridiques.

Comment Éviter Ce Problème : Faites effectuer une vérification complète de la conformité de la propriété avec toutes les réglementations locales et assurez-vous que toutes les rénovations ont été effectuées légalement.

4. Litiges fonciers

Les litiges fonciers, tels que les différends sur les limites de propriété, les servitudes non divulguées ou les droits de passage, peuvent surgir après l'achat du bien et entraîner des coûts juridiques importants.

Comment Éviter Ce Problème : Faites réaliser un relevé foncier professionnel pour confirmer les limites de la propriété et vérifiez si des servitudes ou des droits de passage existent.

5. Prêts hypothécaires et documents légaux

Les documents relatifs à votre prêt hypothécaire doivent être correctement rédigés pour éviter tout problème juridique futur. Des erreurs ou des omissions dans ces documents peuvent entraîner des complications.

Comment Éviter Ce Problème : Engagez un avocat ou un notaire spécialisé pour examiner tous les documents de prêt hypothécaire et s'assurer qu'ils sont conformes aux lois locales.

6. Fraude immobilière

La fraude immobilière peut prendre de nombreuses formes, de la fausse déclaration d'informations à l'escroquerie pure et simple. Il est essentiel d'être vigilant et de vérifier toutes les informations fournies par le vendeur.

Comment Éviter Ce Problème : Faites des recherches approfondies sur le vendeur et la propriété, et soyez attentif à tout signe de fraude. Travailler avec des professionnels de confiance peut également aider à prévenir la fraude.

En conclusion, être conscient des problèmes juridiques potentiels lors de l'achat d'un bien est essentiel pour éviter des complications juridiques coûteuses à l'avenir. Travailler avec des professionnels juridiques compétents et effectuer des vérifications approfondies peut contribuer à minimiser les risques. Dans le prochain chapitre, nous explorerons les étapes finales du processus d'achat, y compris la clôture de la transaction et la remise des clés.

H. Partie 5 : l'art de la négociation

17. Techniques de négociation pour obtenir le meilleur prix.

La négociation est une compétence essentielle lors de l'achat d'un bien. Obtenir le meilleur prix possible peut faire une différence significative dans le coût total de votre propriété. Dans ce chapitre, nous allons explorer les techniques de négociation que vous pouvez utiliser pour obtenir le meilleur prix lors de l'achat d'un bien.

1. Faites votre recherche

Avant de commencer la négociation, il est essentiel de faire des recherches approfondies sur la propriété et le marché immobilier local. Connaître la valeur de marché des propriétés similaires dans la région vous donne une base solide pour vos arguments de négociation.

2. Soyez prêt à attendre

La patience est une vertu lors de la négociation immobilière. Ne vous précipitez pas pour faire une offre ou pour accepter une contre-offre. Prenez le temps de réfléchir et d'évaluer soigneusement chaque étape de la négociation.

3. Fixez un plafond de prix

Avant de commencer la négociation, établissez un plafond de prix au-delà duquel vous ne serez pas prêt à aller. Cela vous permet de rester fidèle à votre budget et d'éviter de surenchérir.

4. Jouez la carte de l'inspecteur

La réalisation d'une inspection du bien peut révéler des problèmes qui justifient une réduction du prix. Utilisez les résultats de l'inspection comme levier de négociation pour négocier un prix plus bas ou pour demander des réparations.

5. Soyez amical et respectueux

La négociation ne doit pas être une confrontation hostile. Soyez amical et respectueux envers le vendeur et son agent immobilier. Une bonne relation peut faciliter la négociation.

6. Préparez des arguments solides

Préparez des arguments solides pour étayer votre offre. Mettez en avant des comparaisons de prix, les résultats de l'inspection et d'autres facteurs qui justifient le prix que vous proposez.

7. Utilisez la technique de l'empathie

Montrez de l'empathie envers le vendeur en comprenant ses motivations. Parfois, les vendeurs sont pressés de vendre pour des raisons personnelles. Comprendre leur position peut vous aider à négocier un meilleur prix.

8. Gardez des options ouvertes

N'ayez pas peur d'explorer d'autres options si la négociation n'aboutit pas. Il y a souvent d'autres propriétés sur le marché, et être prêt à passer à autre chose peut renforcer votre position de négociation.

9. Utilisez le silencio

Le silence peut être une arme puissante en négociation. Après avoir fait une offre ou une contre-offre, restez silencieux. Le vendeur peut être plus enclin à accepter ou à faire une concession s'il pense que vous pourriez vous retirer de la transaction.

10. Considérez les incitatifs

Outre le prix, envisagez les incitatifs que le vendeur pourrait offrir, tels que des réparations, des appareils électroménagers inclus, ou des frais de clôture payés. Ces incitatifs peuvent également avoir une valeur financière.

En conclusion, la négociation immobilière est une compétence qui peut vous permettre d'obtenir le meilleur prix lors de l'achat d'un bien. Faites vos recherches, soyez prêt à attendre, fixez un plafond de prix et préparez des arguments solides. En utilisant ces techniques de négociation, vous pouvez maximiser la valeur de votre investissement immobilier. Dans le prochain chapitre, nous explorerons les étapes finales du processus d'achat, y compris la clôture de la transaction et la remise des clés.

18. Les inspections et les réparations : comment négocier efficacement.

Les inspections et les réparations sont une partie cruciale du processus d'achat immobilier. Une inspection minutieuse peut révéler des problèmes qui nécessitent des réparations ou qui peuvent influencer le prix de vente. Dans ce chapitre, nous allons examiner comment négocier efficacement lorsqu'il s'agit d'inspections et de réparations pour garantir que vous obtenez le meilleur accord possible.

1. Réalisez des inspections complètes

Avant de négocier, faites réaliser des inspections complètes du bien, y compris l'inspection générale, l'inspection des termites, l'inspection de la moisissure, etc. Ces inspections vous fourniront une vue d'ensemble des problèmes potentiels.

2. Priorisez les réparations essentielles

Identifiez les réparations qui sont essentielles pour rendre le bien habitable et sécuritaire. Ce sont les réparations que vous devriez prioriser lors de la négociation.

3. Demandez des crédits pour les réparations

Au lieu d'exiger que le vendeur effectue toutes les réparations, demandez des crédits pour les réparations. Cela vous donne plus de flexibilité pour choisir les entrepreneurs et les réparations à effectuer.

4. Obtenez des devis pour les réparations

Si vous demandez au vendeur de faire des réparations, obtenez des devis de professionnels pour estimer le coût des travaux. Cela peut servir de base solide pour la négociation.

5. Soyez prêt à faire des concessions

La négociation implique souvent des concessions des deux côtés. Soyez prêt à faire des concessions raisonnables pour parvenir à un accord. Par exemple, si le vendeur accepte de faire certaines réparations, vous pourriez accepter un prix légèrement plus élevé.

6. Restez flexible sur les délais

Les réparations peuvent prendre du temps, il est donc essentiel d'être flexible sur les délais. Discutez avec le vendeur pour convenir d'un calendrier réaliste pour les réparations.

7. Soyez diplomatique dans la communication

La communication est essentielle lors de la négociation des réparations. Soyez diplomate et respectueux dans vos discussions avec le vendeur. Une communication ouverte et cordiale peut faciliter la négociation.

8. Tenez compte des réparations futures

Envisagez les réparations futures dans votre négociation. Si le bien a des problèmes majeurs qui nécessiteront des réparations à long terme, cela peut justifier une réduction du prix d'achat.

9. Obtenez des concessions pour les petits problèmes

N'oubliez pas de demander des concessions pour les petits problèmes découverts lors de l'inspection. Même les problèmes mineurs peuvent être négociés.

10. Travaillez avec un agent immobilier expérimenté

Un agent immobilier expérimenté peut jouer un rôle crucial dans la négociation des inspections et des réparations. Leur expertise peut vous aider à obtenir un accord favorable.

En conclusion, la négociation des inspections et des réparations est une étape importante lors de l'achat d'un bien. Faites des inspections complètes, priorisez les réparations essentielles, soyez flexible et diplomate dans la communication, et travaillez avec des professionnels de confiance pour maximiser votre avantage. Dans le prochain chapitre, nous explorerons les étapes finales du processus d'achat, y compris la clôture de la transaction et la remise des clés.

19. Gérer les contre-offres et les concessions.

La phase de contre-offres et de concessions est une étape cruciale dans la négociation immobilière. C'est le moment où les parties négocient les détails finaux du contrat de vente. Dans ce chapitre, nous allons examiner comment gérer efficacement les contre-offres et les concessions pour parvenir à un accord satisfaisant pour toutes les parties.

1. Comprenez les contre-offres

Lorsque vous présentez une offre initiale au vendeur, il est courant qu'il réponde par une contre-offre. Comprenez que les contre-offres sont une partie normale du processus de négociation et ne soyez pas découragé si votre offre initiale est rejetée.

2. Analysez les contre-offres

Examinez attentivement les contre-offres du vendeur. Analysez chaque détail, y compris le prix, les conditions de la vente, les réparations, et tout autre élément discuté. Vous devrez décider si vous acceptez, rejetez ou présentez une contre-contre-offre.

3. Soyez prêt à faire des concessions

La négociation implique souvent des concessions des deux côtés. Soyez prêt à faire des concessions raisonnables pour parvenir à un accord. Par exemple, vous pourriez accepter un prix légèrement plus élevé si le vendeur s'engage à effectuer certaines réparations.

4. Communiquez clairement

La communication claire est essentielle. Assurez-vous que toutes les parties comprennent parfaitement les termes et les conditions de l'accord. Écrivez tous les détails dans le contrat pour éviter les malentendus futurs.

5. Soyez patient

La négociation peut prendre du temps. Soyez patient et ne vous précipitez pas pour conclure un accord. Prenez le temps de réfléchir à chaque contre-offre et de consulter un conseiller financier ou juridique si nécessaire.

6. Ne laissez pas les émotions prendre le dessus

Il est facile de laisser les émotions prendre le dessus lors de la négociation, mais cela peut nuire à votre position. Restez calme et rationnel dans vos discussions, même si les négociations deviennent tendues.

7. Gardez un oeil sur vos objectifs

Rappelez-vous constamment de vos objectifs et de votre budget. Ne vous laissez pas entraîner dans une négociation qui dépasse vos limites financières.

8. Travaillez avec un agent immobilier compétent

Un agent immobilier compétent peut jouer un rôle crucial dans la gestion des contre-offres et des concessions. Leur expérience peut vous aider à naviguer efficacement dans la négociation.

9. Préparez-vous à la clôture

Une fois que toutes les contre-offres et les concessions sont acceptées, préparez-vous à la clôture de la transaction. Assurez-vous que tous les documents sont en ordre et que toutes les conditions de l'accord sont remplies.

10. Restez positif

Gardez une attitude positive tout au long du processus de négociation. Une attitude constructive peut contribuer à créer un environnement propice à la conclusion d'un accord mutuellement avantageux.

En conclusion, la gestion des contre-offres et des concessions est une étape essentielle de la négociation immobilière. Comprenez les contre-offres, soyez prêt à faire des concessions raisonnables, communiquez clairement, et travaillez avec des professionnels de confiance pour atteindre vos objectifs. Dans le prochain chapitre, nous explorerons les étapes finales du processus d'achat, y compris la clôture de la transaction et la remise des clés.

I. Partie 6 : la clôture de la transaction

20. Comprendre les coûts de clôture et les frais additionnels.

La clôture de la transaction immobilière est la dernière étape avant de devenir officiellement propriétaire de votre nouveau bien. Cependant, cette phase comporte des coûts de clôture et des frais additionnels qui peuvent représenter une somme significative. Dans ce chapitre, nous allons examiner en détail les coûts de clôture et les frais additionnels que vous devez comprendre et anticiper.

1. Frais de clôture

Les frais de clôture comprennent une variété de coûts associés à la finalisation de la transaction immobilière. Ils peuvent inclure :

- Frais d'administration pour le traitement de la transaction.
- Frais d'inspection pour l'inspection du bien.
- Frais de titre pour la recherche de titre de propriété.
- Frais d'assurance titres pour protéger votre droit de propriété.
- Frais de notaire ou d'avocat pour la rédaction et la vérification des documents légaux.

Il est essentiel de demander une estimation des frais de clôture à votre prêteur ou votre agent immobilier avant la clôture pour comprendre ces coûts.

2. Taxes de transfert de propriété

Dans de nombreuses régions, il existe des taxes de transfert de propriété que l'acheteur doit payer lors de la clôture. Ces taxes varient en fonction de la valeur de la propriété et de la région, alors assurez-vous de les prendre en compte dans votre budget.

3. Frais d'assurance hypothécaire

Si vous avez un prêt hypothécaire, vous devrez peut-être payer des frais d'assurance hypothécaire, tels que l'assurance hypothécaire privée (PMI) ou l'assurance hypothécaire du gouvernement (comme la FHA ou la VA). Ces frais sont généralement inclus dans vos paiements mensuels, mais il est important de les comprendre.

4. Frais de préparation du prêt

Votre prêteur peut facturer des frais de préparation du prêt pour le traitement de votre prêt hypothécaire. Ces frais couvrent les coûts administratifs liés à l'approbation de votre prêt.

5. Frais d'évaluation de la propriété

Une évaluation de la propriété peut être requise par votre prêteur pour déterminer la valeur du bien. Les frais d'évaluation sont généralement à la charge de l'acheteur.

6. Frais de dossier du prêt

Certains prêteurs facturent des frais de dossier du prêt pour couvrir les coûts de traitement de votre demande de prêt. Ces frais peuvent varier d'un prêteur à l'autre.

7. Frais de garantie ou de titre de garantie

L'achat d'une garantie de titre ou d'une assurance de titre est courant pour protéger votre droit de propriété contre les réclamations futures. Ces frais sont généralement à la charge de l'acheteur.

8. Frais de commission de l'agent immobilier

Si vous travaillez avec un agent immobilier pour acheter le bien, vous devrez peut-être payer une commission à votre agent. Cette commission est généralement négociée entre le vendeur et l'agent immobilier, mais elle peut influencer le coût total de la transaction.

9. Frais d'évaluation et de diagnostic environnemental

Dans certains cas, vous pourriez devoir payer des frais pour des évaluations ou des diagnostics environnementaux si cela est nécessaire pour la transaction.

10. Frais de clôture des prêts

Lors de la clôture, vous pourriez devoir payer des frais de clôture des prêts, qui sont une partie des coûts de votre prêt hypothécaire. Assurez-vous de comprendre ces frais et de les inclure dans votre budget.

En conclusion, comprendre les coûts de clôture et les frais additionnels est essentiel pour prévoir un budget précis lors de l'achat d'un bien. Demandez des estimations détaillées à votre prêteur et à votre agent immobilier, et assurez-vous d'inclure ces coûts dans vos calculs financiers. Une préparation minutieuse vous permettra de clôturer la transaction en toute sérénité. Dans le prochain chapitre, nous aborderons la remise des clés et les étapes finales de votre parcours vers la propriété.

 Les étapes finales avant la clôture : ce que vous devez savoir.

À mesure que la clôture de la transaction immobilière se rapproche, il reste quelques étapes finales importantes que vous devez connaître pour que le processus se déroule en douceur. Dans ce chapitre, nous allons explorer ces étapes finales et vous fournir les informations dont vous avez besoin pour être prêt le jour de la clôture.

1. Révisez les documents de clôture

Avant la clôture, vous recevrez une série de documents à examiner, y compris le relevé des coûts de clôture, le contrat de vente final, et d'autres documents juridiques. Prenez le temps de les examiner attentivement pour vous assurer que tout est en ordre.

2. Effectuez une dernière inspection

Avant la clôture, il est généralement conseillé de faire une dernière inspection du bien pour vous assurer que tout est conforme aux termes de l'accord. Vérifiez que les réparations ont été effectuées conformément aux accords.

3. Préparez le paiement

Assurez-vous de disposer des fonds nécessaires pour effectuer le paiement de clôture. Cela peut inclure le montant du dépôt de garantie, les frais de clôture, et d'autres coûts convenus. Généralement, vous devrez apporter un chèque de banque certifié ou effectuer un virement bancaire pour le paiement.

4. Planifiez la clôture avec toutes les parties

Coordonnez la date et l'heure de la clôture avec toutes les parties concernées, y compris le vendeur, les agents immobiliers, le prêteur, et le notaire ou l'avocat qui supervisera la clôture.

5. Apportez une pièce d'identité valide

Lors de la clôture, vous devrez présenter une pièce d'identité valide, généralement une carte d'identité ou un permis de conduire, pour vérification.

6. Signez les documents de clôture

Lors de la clôture, vous serez invité à signer un ensemble de documents juridiques, y compris l'acte de propriété et le prêt hypothécaire. Assurez-vous de lire attentivement chaque document et posez des questions si vous avez des préoccupations.

7. Obtenez les clés

Une fois que tous les documents sont signés, vous recevrez les clés de votre nouveau bien. Félicitations, vous êtes officiellement propriétaire !

8. Conservez tous les documents

Après la clôture, assurez-vous de conserver tous les documents de clôture et les dossiers liés à la transaction en lieu sûr. Ces documents peuvent être nécessaires pour des raisons fiscales ou légales à l'avenir.

9. Informez les services publics

Pensez à informer les services publics, comme l'électricité, le gaz, l'eau et les services de télécommunications, de la date de clôture afin de transférer les services à votre nom.

10. Profitez de votre nouveau bien

Après la clôture, il est temps de profiter de votre nouveau bien. Prenez le temps de vous installer, de personnaliser votre espace et de créer de merveilleux souvenirs.

En conclusion, les étapes finales avant la clôture sont cruciales pour s'assurer que la transaction se déroule sans accroc. Prenez le temps de tout vérifier, d'obtenir les fonds nécessaires, et de planifier la clôture avec soin. Une fois la clôture terminée, vous pourrez enfin profiter de votre nouveau bien en toute tranquillité. Félicitations pour cette étape importante de votre parcours immobilier !

22.La cérémonie de clôture : que pouvez-vous attendre ?

La cérémonie de clôture est la dernière étape du processus d'achat immobilier. C'est le moment où toutes les parties impliquées dans la transaction se réunissent pour finaliser les détails et transférer officiellement la propriété de l'ancien propriétaire à vous, l'acheteur. Dans ce chapitre, nous allons examiner en détail ce à quoi vous pouvez vous attendre lors de la cérémonie de clôture.

1. Lieu de la clôture

La cérémonie de clôture a généralement lieu dans un endroit neutre, comme le bureau d'un notaire, d'un avocat ou d'un agent immobilier, ou dans une entreprise de clôture spécialisée. Cet endroit est choisi pour garantir que toutes les parties puissent se réunir en toute commodité.

2. Présence des parties concernées

Les parties qui sont généralement présentes lors de la cérémonie de clôture comprennent :

- L'acheteur et le vendeur.
- Le notaire ou l'avocat qui supervise la clôture.
- Les agents immobiliers de l'acheteur et du vendeur.
- Le prêteur hypothécaire, s'il y en a un.

Toute autre personne nécessaire à la finalisation de la transaction, telle qu'un représentant de la compagnie d'assurance titre.

3. Examen des documents

Lors de la cérémonie de clôture, les parties passeront en revue et signeront un certain nombre de documents légaux. Ces documents comprennent généralement :

- L'acte de propriété, qui transfère officiellement la propriété de l'ancien propriétaire à l'acheteur.
- Le contrat de prêt hypothécaire, si l'acheteur a obtenu un prêt hypothécaire.
- Le relevé des coûts de clôture, qui détaille tous les coûts et frais associés à la transaction.

4. Paiement des frais de clôture

Lors de la cérémonie de clôture, l'acheteur devra généralement payer tous les frais de clôture convenus, y compris les frais de notaire, les taxes de transfert de propriété, les frais d'assurance titre, et autres coûts. Il est courant d'apporter un chèque de banque certifié ou de procéder à un virement bancaire pour ces paiements.

5. Remise des clés

Une fois que tous les documents ont été signés et que les paiements ont été effectués, l'ancien propriétaire remettra les clés de la propriété à l'acheteur. C'est le moment où vous deviendrez officiellement propriétaire de votre nouveau bien.

6. Dernières questions et réponses

La cérémonie de clôture est également l'occasion de poser des questions de dernière minute et de résoudre tout problème ou inquiétude qui pourrait surgir. Assurez-vous de comprendre tous les détails de la transaction avant de quitter la cérémonie de clôture.

7. Célébration

Une fois la cérémonie de clôture terminée, vous pourrez célébrer l'achat de votre nouveau bien ! C'est un moment de joie et d'excitation, alors prenez le temps de profiter de ce moment spécial.

En conclusion, la cérémonie de clôture est l'aboutissement de tout le processus d'achat immobilier. C'est le moment où la propriété change officiellement de mains, et c'est généralement une occasion joyeuse. En vous préparant à ce qui vous attend lors de la cérémonie de clôture, vous pouvez contribuer à garantir une transition en douceur vers votre nouveau bien.

23. Après la clôture : conseils pour une transition en douceur.

La cérémonie de clôture peut marquer la fin officielle du processus d'achat immobilier, mais c'est également le début de votre vie dans votre nouveau bien. Pour assurer une transition en douceur, il y a plusieurs conseils importants à suivre après la clôture de la transaction.

1. Faites un inventaire

Avant de commencer à emménager, faites un inventaire de tous vos biens et assurez-vous que tout ce qui était inclus dans la transaction est bien présent.

2. Planifiez votre déménagement

Élaborez un plan de déménagement détaillé, y compris la location de camions de déménagement, la réservation d'aide pour le déménagement, et la planification des étapes à suivre.

3. Effectuez des travaux de nettoyage

Avant d'emménager, effectuez un nettoyage en profondeur de votre nouveau bien. Cela inclut le nettoyage des sols, des murs, des fenêtres et des appareils électroménagers.

4. Changez les serrures

Pour des raisons de sécurité, envisagez de faire changer les serrures de votre nouveau bien après la clôture.

5. Établissez un budget domestique

Créez un budget domestique pour suivre vos dépenses liées au bien, y compris les paiements hypothécaires, les services publics, l'entretien et les réparations.

6. Conservez tous les documents de clôture

Gardez précieusement tous les documents de clôture et les dossiers liés à la transaction, car ils peuvent être nécessaires pour des raisons fiscales ou légales.

7. Changez votre adresse

Informez les services postaux, les banques, les compagnies de carte de crédit, et d'autres organismes de votre changement d'adresse.

8. Faites les réparations nécessaires

Si des réparations ont été convenues lors de la cérémonie de clôture, assurez-vous de les faire effectuer rapidement pour éviter tout problème futur.

9. Prenez des mesures de sécurité

Assurez-vous que votre nouveau bien est sécurisée en installant des systèmes de sécurité, des détecteurs de fumée et de monoxyde de carbone, et en vérifiant les issues de secours.

10. Personnalisez votre espace

Une fois que vous avez emménagé, prenez le temps de personnaliser votre nouvel espace pour le rendre vraiment chez vous. Cela peut inclure la décoration, l'aménagement du jardin, et d'autres ajustements.

11. Établissez des relations avec vos voisins

Rencontrez vos voisins et établissez des relations amicales. De bons voisins peuvent rendre votre expérience de vie plus agréable.

12. Profitez de votre nouveau bien

Enfin, profitez de votre nouveau bien et de cette nouvelle étape de votre vie. Créez des souvenirs et appréciez chaque moment passé dans votre nouvel espace.

En conclusion, la transition vers un nouveau bien après la clôture de la transaction nécessite une planification et une organisation soignées. Suivez ces conseils pour une transition en douceur et pour profiter pleinement de votre nouveau bien.

J. Partie 7 : Investir dans l'immobilier : options et conseils

24. Explorer les possibilités d'investissement immobilier.

Investir dans l'immobilier peut être une stratégie financière puissante pour créer de la richesse à long terme. Dans ce chapitre, nous allons explorer les différentes possibilités d'investissement immobilier qui s'offrent à vous et vous fournir des conseils pour démarrer votre parcours d'investisseur immobilier.

1. Investissement résidentiel

L'investissement résidentiel consiste à acheter des biens immobiliers tels que des biens, des appartements ou des condominiums, puis à les louer à des locataires. Les revenus de location peuvent générer un flux de trésorerie stable, tandis que la valeur de la propriété peut augmenter avec le temps.

2. Investissement commercial

L'investissement commercial implique l'achat de biens immobiliers commerciaux, tels que des bureaux, des commerces de détail ou des entrepôts, que vous louez à des entreprises. Les contrats de location commerciaux peuvent générer des rendements intéressants.

3. Investissement en biens locatifs de vacances

L'investissement en biens locatifs de vacances consiste à acheter des propriétés destinées à la location saisonnière, comme des biens de vacances ou des appartements en bord de mer. Ces investissements peuvent être rentables dans les zones touristiques.

4. Investissement dans les fonds immobiliers cotés en bourse (REIT)

Les REIT sont des sociétés qui détiennent et gèrent des biens immobiliers, et leurs actions sont négociées en bourse. Investir dans des REIT permet de diversifier votre portefeuille immobilier sans avoir à acheter des propriétés directement.

5. Investissement en propriété multifamiliale

L'achat de propriétés multifamiliales, telles que des immeubles d'appartements, peut être une stratégie d'investissement solide. Vous pouvez générer des revenus de location à partir de plusieurs unités.

6. Investissement en crowdfunding immobilier

Le crowdfunding immobilier permet à plusieurs investisseurs de financer collectivement des projets immobiliers. Cela peut être une option pour investir dans des projets immobiliers sans la nécessité d'acheter une propriété entière.

7. Conseils pour démarrer votre parcours d'investissement immobilier

Éduquez-vous : Avant de commencer à investir, apprenez les bases de l'investissement immobilier, y compris la gestion locative, les contrats de location, et la fiscalité immobilière.

Établissez un budget : Déterminez combien vous pouvez investir sans compromettre votre stabilité financière.

Localisation : Choisissez des emplacements d'investissement stratégiques en fonction de la demande locative et de la croissance potentielle.

Gestion efficace : Si vous gérez vous-même vos biens, assurez-vous d'être prêt à assumer les responsabilités liées à la location et à l'entretien.

Diversification : Considérez la diversification de votre portefeuille immobilier pour réduire les risques.

Investissement à long terme : L'immobilier est généralement un investissement à long terme, alors soyez prêt à conserver vos biens pendant plusieurs années.

En conclusion, l'investissement immobilier offre de nombreuses possibilités pour créer de la richesse et augmenter vos revenus. Explorez les options qui correspondent le mieux à vos objectifs financiers et assurez-vous de bien vous préparer avant de commencer. Investir dans l'immobilier peut être une stratégie fructueuse, mais cela nécessite une planification et une gestion attentives.

25. Gérer et entretenir votre propriété d'investissement.

Une fois que vous avez investi dans une propriété, la gestion et l'entretien appropriés sont essentiels pour maximiser les rendements et protéger votre investissement à long terme. Dans ce chapitre, nous allons explorer les aspects clés de la gestion et de l'entretien de votre propriété d'investissement.

1. Engagez un gestionnaire immobilier

Si vous préférez ne pas gérer la propriété vous-même, envisagez d'engager un gestionnaire immobilier professionnel. Ils peuvent s'occuper des aspects opérationnels, tels que la recherche de locataires, la collecte des loyers, et l'entretien de la propriété.

2. Établissez des politiques de location solides

Si vous gérez vous-même la location, établissez des politiques de location claires, y compris les critères de sélection des locataires, les modalités de location, les conditions de paiement du loyer, et les règles de conduite.

3. Effectuez un entretien préventif

L'entretien préventif est essentiel pour maintenir la valeur de votre propriété. Planifiez régulièrement des inspections et effectuez les réparations nécessaires dès qu'elles sont identifiées.

4. Gardez un registre des dépenses

Tenez un registre détaillé de toutes les dépenses liées à la propriété, y compris les coûts d'entretien, les taxes foncières, les assurances, et les frais de gestion. Cela vous aidera à suivre les coûts et à planifier votre budget.

5. Communiquez avec les locataires

Établissez une communication ouverte avec vos locataires. Répondez rapidement à leurs préoccupations et assurez-vous qu'ils se sentent bien pris en charge.

6. Planifiez les renouvellements de bail

Anticipez les renouvellements de bail et examinez les loyers pour vous assurer qu'ils sont alignés avec le marché. Augmentez les loyers de manière raisonnable lorsque cela est justifié.

7. Conformité légale

Assurez-vous de respecter toutes les lois et réglementations locales et fédérales liées à la location immobilière. Cela inclut les lois sur les droits des locataires, les normes de sécurité, et les obligations fiscales.

8. Assurez-Vous adéquatement

Protégez votre investissement en souscrivant une assurance propriétaire appropriée qui couvre les dommages matériels, la responsabilité civile, et d'autres risques potentiels.

9. Planifiez la fin de la location

Si vous envisagez de vendre la propriété ou de mettre fin à la location, planifiez soigneusement la transition pour minimiser les perturbations et maximiser les rendements.

10. Réévaluez votre portefeuille

Périodiquement, réévaluez votre portefeuille immobilier pour vous assurer que vos propriétés sont toujours alignées avec vos objectifs financiers à long terme. Cela peut inclure la vente de certaines propriétés ou l'acquisition de nouvelles opportunités.

En conclusion, la gestion et l'entretien de votre propriété d'investissement sont des éléments essentiels pour assurer le succès à long terme de votre investissement. Que vous décidiez de gérer vous-même la propriété ou de faire appel à un gestionnaire immobilier, la diligence et la planification sont essentielles. Une gestion efficace et un entretien approprié peuvent vous aider à maximiser les rendements et à protéger votre investissement immobilier.

K. Partie 8 : ressources utiles

26. Références et ressources pour les acheteurs immobiliers.

L'achat immobilier peut être un processus complexe, et il est essentiel de disposer des bonnes ressources pour vous guider tout au long du parcours. Dans ce chapitre, nous vous fournirons une liste de références et de ressources utiles pour les acheteurs immobiliers.

1. Sites Web et outils en ligne

Zillow : Un site Web de recherche immobilière qui fournit des informations sur les propriétés à vendre, les prix du marché, et plus encore.

Realtor.com : Un autre site Web de recherche immobilière avec des listes de propriétés et des ressources pour les acheteurs.

Trulia : Un site Web qui offre des informations sur les quartiers, les écoles, et les propriétés à vendre.

Redfin : Un outil en ligne pour la recherche de biens et l'exploration des quartiers.

Mortgage Calculator : Des calculateurs en ligne pour estimer vos paiements hypothécaires.

2. Livres utiles

"Acheter une Bien pour les Nuls" par Eric Tyson et Ray Brown : Un guide complet pour les acheteurs immobiliers novices.

"Investir dans l'Immobilier pour les Nuls" par Eric Tyson et Robert S. Griswold : Un livre sur l'investissement immobilier.

"L'Immobilier Pour les Nuls" par Laurence Boccara : Un autre guide complet pour les acheteurs et investisseurs immobiliers.

3. Organismes gouvernementaux et réglementations

Housing and Urban Development (HUD) : Le département du logement et du développement urbain des États-Unis offre des informations sur les programmes de logement, les prêts et les droits des locataires.

Consumer Financial Protection Bureau (CFPB) : Une ressource pour comprendre les prêts hypothécaires et les droits des consommateurs.

Local Real Estate Commissions : Les commissions de l'immobilier locales peuvent fournir des informations sur les lois et réglementations immobilières spécifiques à votre région.

4. Conseillers et agents immobiliers

Agents Immobiliers : Travailler avec un agent immobilier expérimenté peut vous aider à naviguer dans le processus d'achat.

Conseillers en Prêts Hypothécaires : Pour obtenir des conseils sur le financement de votre achat.

5. Blogs et forums en ligne

BiggerPockets : Une communauté en ligne pour les investisseurs immobiliers avec des forums de discussion et des ressources.

Reddit Real Estate : Un forum Reddit dédié à l'immobilier avec des discussions sur une variété de sujets liés à l'immobilier.

6. Cours en ligne

Coursera et edX : Ces plates-formes offrent des cours en ligne sur l'immobilier, y compris des cours sur l'investissement immobilier.

7. Avocats et notaires

Avocats Immobiliers et Notaires : Si vous avez besoin de conseils juridiques spécifiques liés à l'immobilier.

8. Associations immobilières

National Association of Realtors (NAR) : Une association professionnelle pour les agents immobiliers qui propose des ressources et des informations pour les acheteurs.

Lors de l'achat d'une propriété, il est essentiel d'utiliser toutes les ressources disponibles pour vous informer et prendre des décisions éclairées. Les références et ressources énumérées ci-dessus peuvent vous aider à naviguer dans le monde de l'immobilier et à réussir votre achat immobilier.

27.Glossaire des termes immobiliers courants.

L'immobilier comporte un langage spécifique qui peut être déconcertant pour les acheteurs et les investisseurs novices. Ce glossaire présente une liste de termes immobiliers courants pour vous aider à comprendre le jargon de l'immobilier.

1. Acte de Propriété (Deed) : Un document juridique qui transfère la propriété d'une propriété d'un vendeur à un acheteur.

2. Amortissement : La réduction progressive du solde d'un prêt hypothécaire par des paiements périodiques.

3. Apport Personnel (Down Payment) : Le montant d'argent versé par l'acheteur au moment de l'achat, généralement exprimé en pourcentage du prix d'achat total.

4. Assurance Hypothécaire (Mortgage Insurance) : Une assurance qui protège le prêteur en cas de défaut de paiement de l'emprunteur, généralement requise pour les prêts avec un faible apport personnel.

5. Évaluation Immobilière (Appraisal) : L'estimation de la valeur d'une propriété par un évaluateur professionnel.

6. Frais de Clôture (Closing Costs) : Les frais associés à la clôture de la transaction immobilière, y compris les frais de notaire, les taxes de transfert, et d'autres frais.

7. Hypothèque (Mortgage) : Un prêt utilisé pour financer l'achat d'une propriété, généralement remboursé sur plusieurs années.

8. Inspecteur Immobilier (Home Inspector) : Un professionnel qui examine une propriété pour identifier les problèmes structurels, électriques, et de plomberie avant l'achat.

9. Intérêt Hypothécaire (Mortgage Interest) : Le coût que l'emprunteur paie au prêteur pour emprunter de l'argent, généralement exprimé en pourcentage du prêt.

10. LTV (Loan-to-Value Ratio) : Le ratio entre le montant du prêt hypothécaire et la valeur de la propriété, utilisé pour évaluer le risque du prêt.

11. Notaire (Notary Public) : Un professionnel agréé qui atteste l'authenticité des signatures sur les documents juridiques.

12. Offre d'Achat (Purchase Offer) : Un document écrit par l'acheteur pour proposer un prix et des conditions d'achat à un vendeur.

13. Prêt à Taux Fixe (Fixed-Rate Mortgage) : Un prêt hypothécaire avec un taux d'intérêt fixe pour toute la durée du prêt.

14. Prêt à Taux Variable (Adjustable-Rate Mortgage, ARM) : Un prêt hypothécaire avec un taux d'intérêt ajustable périodiquement en fonction des taux du marché.

15. Taxe Foncière (Property Tax) : Une taxe imposée par les autorités locales sur la valeur d'une propriété.

16. Titre de Propriété (Title) : Un document juridique qui confirme la propriété d'une propriété.

17. VA Loan : Un prêt hypothécaire garanti par le département des anciens combattants (VA) des États-Unis, disponible pour les anciens combattants militaires.

18. Zonage (Zoning) : Les règlements locaux qui définissent l'utilisation permise des terrains et des propriétés.

19. Taux d'Occupation (Occupancy Rate) : Le pourcentage de logements dans un immeuble locatif qui sont actuellement occupés.

20. Contrat de Location (Lease Agreement) : Un contrat juridique entre un locataire et un propriétaire qui régit les termes de la location.

Ce glossaire devrait vous aider à comprendre les termes couramment utilisés dans le domaine de l'immobilier. N'hésitez pas à vous référer à cette liste lorsque vous rencontrez des termes que vous ne connaissez pas dans le cadre de votre parcours immobilier.

L. Conclusion

28. Récapitulatif des points clés : évitez les pièges courants.

Félicitations d'avoir suivi ce guide de l'acheteur immobilier et d'avoir exploré les nombreuses facettes de l'achat immobilier. Pour conclure, voici un récapitulatif des points clés que vous devriez retenir pour éviter les pièges courants dans le processus d'achat immobilier.

1. Préparez-vous financièrement

Établissez un budget réaliste pour votre achat immobilier.

Économisez pour un apport personnel suffisant.

Améliorez votre cote de crédit si nécessaire.

2. Éduquez-vous sur le marché immobilier

Comprenez les tendances du marché immobilier local.

Consultez des experts immobiliers pour obtenir des informations sur les quartiers et les propriétés.

3. Obtenez une pré-approbation Hypothécaire

Consultez plusieurs prêteurs pour obtenir les meilleurs taux et conditions.

Obtenez une lettre de pré-approbation pour montrer aux vendeurs que vous êtes un acheteur sérieux.

4. Engagez un agent immobilier

Travailler avec un agent immobilier professionnel peut faciliter grandement le processus d'achat.

Choisissez un agent expérimenté et compétent.

5. Faites des visites préalables et des inspections

Visitez les propriétés potentielles pour évaluer leur adéquation à vos besoins.

Faites inspecter la propriété par un inspecteur qualifié pour identifier les problèmes potentiels.

6. Négociez le prix et les conditions

Soyez prêt à négocier le prix de la propriété et les conditions de vente.

Considérez les coûts de clôture et d'autres frais dans vos négociations.

7. Comprenez les contrats et les documents juridiques

Faites examiner les contrats et les documents par un professionnel du droit immobilier.

Assurez-vous de comprendre tous les termes et conditions avant de signer.

8. Gérez les problèmes cachés

Identifiez les problèmes potentiels tels que la moisissure, les termites, et les problèmes structurels.

Demandez des réparations ou réévaluez votre décision en conséquence.

9. Restez informé des tendances du marché immobilier

Surveillez les tendances du marché pour prendre des décisions éclairées sur l'achat et l'investissement.

Tenez compte des facteurs économiques et des développements locaux.

10. Planifiez votre transition en douceur

Préparez-vous pour la cérémonie de clôture et la transition vers votre nouveau bien.

Établissez un budget domestique pour gérer vos dépenses liées au bien.

11. Explorez les possibilités d'investissement immobilier

Considérez l'investissement immobilier pour diversifier vos finances.

Explorez différentes options d'investissement, y compris la location, l'investissement commercial, et plus encore.

12. Gérez et entretenez votre propriété d'investissement

Soyez proactif dans la gestion et l'entretien de vos propriétés d'investissement.

Engagez des professionnels si nécessaire pour effectuer des réparations.

13. Utilisez des ressources utiles

Consultez des sites Web, des livres, des forums en ligne, et d'autres ressources pour vous informer sur l'immobilier.

Engagez des professionnels, tels que des avocats et des agents immobiliers, pour vous aider dans le processus.

En suivant ces points clés et en vous appuyant sur vos connaissances nouvellement acquises, vous pouvez éviter de nombreux pièges courants dans l'achat immobilier et prendre des décisions éclairées pour votre avenir immobilier. L'achat d'un bien est une étape importante de la vie, alors assurez-vous de bien vous préparer et de prendre des décisions judicieuses pour votre bien-être financier à long terme. Bonne chance dans votre parcours immobilier !

29. La satisfaction de devenir propriétaire : ce que cela signifie pour vous.

L'achat d'un bien est l'une des étapes les plus significatives de la vie, et il apporte avec lui un sentiment de satisfaction et d'accomplissement. Dans ce chapitre, nous allons explorer ce que cela signifie pour vous en tant que nouveau propriétaire.

1. Stabilité et sécurité

La possession d'un bien offre une stabilité et une sécurité à long terme. Vous avez un lieu de vie constant où vous pouvez établir des racines, élever une famille, et construire des souvenirs.

2. Investissement dans votre avenir

L'immobilier est souvent considéré comme un investissement à long terme. Au fil du temps, votre bien peut prendre de la valeur, ce qui peut constituer une source de richesse pour votre avenir.

3. Personnalisation et créativité

En tant que propriétaire, vous avez le pouvoir de personnaliser et de décorer votre bien selon vos goûts et votre style personnel. Cela vous permet de créer un espace qui vous ressemble vraiment.

4. Liberté et contrôle

Vous avez le contrôle de votre propriété, ce qui signifie que vous pouvez apporter des modifications structurelles, améliorations ou rénovations selon vos besoins et vos désirs. Vous n'avez pas besoin de demander la permission à un propriétaire.

5. Stabilité des paiements

Avec un prêt hypothécaire à taux fixe, vos paiements restent constants, ce qui vous permet de planifier votre budget à long terme avec plus de précision.

6. Communauté et voisinage

La propriété d'un bien peut renforcer votre sentiment d'appartenance à une communauté et vous permettre de développer des relations avec vos voisins.

7. Héritage familial

Votre bien peut devenir un héritage précieux pour vos enfants et vos petits-enfants. C'est un patrimoine que vous pouvez transmettre aux générations futures.

8. Sentiment d'accomplissement

L'achat d'un bien est une réalisation majeure qui peut vous donner un sentiment d'accomplissement personnel.

9. Liberté financière à la retraite

Posséder un bien sans hypothèque à la retraite peut réduire vos dépenses mensuelles et vous offrir une plus grande liberté financière.

En fin de compte, devenir propriétaire représente bien plus qu'une simple transaction immobilière. C'est un investissement dans votre avenir, une source de fierté personnelle, et un lieu où vous pouvez créer une vie épanouissante. La satisfaction de devenir propriétaire réside dans la liberté, la stabilité et le contrôle qu'il offre, ainsi que dans la création de souvenirs durables dans votre propre espace. Profitez pleinement de cette nouvelle aventure immobilière !

30. Conseils finaux pour une expérience d'achat immobilier réussie.

Alors que vous terminez ce guide de l'acheteur immobilier, voici quelques conseils finaux pour vous assurer une expérience d'achat immobilier réussie et sans tracas.

1. Soyez prêt financièrement

Assurez-vous que votre situation financière est solide avant de vous lancer dans l'achat d'un bien. Économisez pour un apport personnel, améliorez votre cote de crédit, et obtenez une pré-approbation hypothécaire.

2. Éduquez-vous en continu

Le marché immobilier évolue constamment, alors continuez à vous éduquer sur les dernières tendances et les réglementations. Restez informé pour prendre des décisions éclairées.

3. Engagez des professionnels de confiance

Travaillez avec des professionnels de l'immobilier de confiance, tels que des agents immobiliers expérimentés, des prêteurs fiables, et des avocats spécialisés en droit immobilier.

4. Préparez un budget réaliste

Établissez un budget qui tient compte de tous les coûts associés à l'achat d'un bien, y compris les frais de clôture, les taxes foncières, les assurances, et les dépenses d'entretien.

5. Ne vous précipitez pas

Prenez votre temps pour trouver le bien qui correspond à vos besoins et à votre budget. N'hésitez pas à visiter plusieurs propriétés et à négocier le prix.

6. Faites des inspections thorough

Engagez un inspecteur immobilier professionnel pour évaluer la condition de la propriété avant de finaliser la transaction. Identifiez et traitez les problèmes potentiels.

7. Comprenez les contrats

Ne signez pas de contrat que vous ne comprenez pas. Faites appel à un avocat spécialisé en droit immobilier pour examiner les documents juridiques.

8. Anticipez les coûts à long terme

Pensez aux coûts d'entretien et de réparation à long terme de votre propriété. Établissez un fonds d'urgence pour faire face aux dépenses imprévues.

9. Restez flexible

Soyez prêt à faire des compromis sur certains aspects de la propriété. Vous pourriez ne pas trouver un bien parfait, mais vous pouvez la personnaliser avec le temps.

10. Profitez de l'expérience

L'achat d'un bien est une étape importante de la vie, alors profitez de l'expérience. Créez des souvenirs et appréciez le sentiment de devenir propriétaire.

11. Restez positif en cas de défis

Il peut y avoir des défis en cours de route, mais restez positif et persévérez. L'immobilier peut être une aventure gratifiante.

En suivant ces conseils finaux, vous pouvez aborder votre expérience d'achat immobilier avec confiance et préparation. L'achat d'un bien est une décision importante, et avec la bonne préparation, vous pouvez éviter les pièges courants et profiter des avantages de la propriété. Bonne chance dans votre parcours immobilier, et que votre nouveau bien soit le début d'une vie heureuse et épanouissante !